Gabri

7 Pasos para educar
hijos felices

Principios que acompañarán
a tus hijos para toda la vida

Descrierea CIP a Bibliotecii Naţionale a României
CIUCUROVSCHI, GABRIELA
7 Pasos para educar hijos felices : principios que acompañarán a tus hijos
para toda la vida / Gabriela Ciucurovschi ; traductora: Andreea Bouaru ;
redactores: Valerio Cruciani y Marian Ariza.
- Bucureşti : Benefica International, 2012
 ISBN 978-606-93343-5-5

I. Bouaru, Andreea (trad.)
II. Cruciani, Valerio (red.)
III. Ariza, Marian (red.)

159.922.73
159.942:159.922.73
37.018.262

Autora: Gabriela Ciucurovschi
Traductora: Andreea Bouaru
Redactores: Valerio Cruciani y Marian Ariza
Cubra Diseño: Anatoli Ciucurovschi
Ilustración: Shutterstock / Yaviki – Child with roots

No se permite reproducir, almacenar ni transmitir alguna parte de esta publicación, en
manera alguna ni por ningún medio, ya sea electrónico, mecánico, óptico, fotocopia,
grabación u otros, sin el permiso previo del editor.

Copyright © 2012, Gabriela Ciucurovschi.
Copyright © 2012, BENEFICA INTERNATIONAL
Todos los derechos reservados.

*A mi hijo Aleksei,
sin el que jamás hubiera alcanzado
todo este conocimiento,
con agradecimiento y amor.*

Índice

Prólogo

Cada uno lleva su infancia como un cubo volcado en la cabeza. (…) Su contenido nos vierte encima la vida entera, por mucho que cambiemos de ropa…
El camino de Conrad Castiletz
Heimito von Doderer

Cualquier padre quiere lo mejor para su hijo. Empezando por este deseo y hasta su materialización en la vida del niño tienes que recorrer un largo camino, en el que tus acciones pueden contribuir en la realización de dicho deseo o no.

Al comienzo de la relación con tu hijo hay una intención positiva. Las intenciones positivas son un valor en sí, pero cuando se trata de tu propio hijo lo que más te interesa es el resultado final. ¿Cuál es ese bien que tú deseas para tu niño? ¿Tus acciones realmente contribuyen a lograrlo? ¿Cómo se revela para el niño mismo?

Y tienes tantos deseos para tu hijo. Desgraciadamente, no siempre te das cuenta a tiempo que debajo del alud de cosas que anhelas para él, destaca una esencial: su felicidad. Por lo general, quieres que esté sano, que tenga buenas notas, que sea obediente, quieres que llegue a ser alguien, que tenga un oficio, etc.

Una persona feliz es una persona realizada. Es una persona que goza la vida tal como es, con todos sus altibajos.

Sin embargo, la llave de la felicidad está en la infancia. Nuestra capacidad de ser felices y sentirnos satisfechos se halla en las cosas que acumulamos en dicho período, especialmente en los primeros años de la vida.

Las cosas asimiladas en aquel entonces representan la base de nuestra vida. El sello que los padres dejan en sus niños mediante la educación que les ofrecen, los valores que transmiten o a través de la relación que traban con ellos, resulta esencial para los adultos venideros.

Cualquier niño aspira a ser amado y quiere recibir la aprobación de sus padres. Indistintamente de la edad que tenga, sean 20 o 50 años, la relación con sus padres y todo lo que ellos sembraron en su alma lo va a acompañar durante toda la vida. Esta relación influye en el nivel más profundo de su vida interior y dirige, mediante vías ocultas, su ser entero.

Acercándonos a la perspectiva opuesta de la relación padres-hijos, o sea al papel que el niño desempeña en nuestra experiencia como padres, no voy a mencionar más que esto: él es el espejo de nuestro devenir.

Es la dicha única, alcanzada mediante la crianza de un alma con nuestro amor y sabiduría; y para que un niño se convierta en un fruto bello y maduro, las raíces que echa tienen que ser también bellas y maduras.

Los estudios de psicología, la experiencia de ser madre y la constante preocupación por la naturaleza humana me hicieron percibir, hace muchos años, el impacto que la relación con los padres llega a tener en el niño a nivel consciente y, más notable aún, a nivel inconsciente. Es decir todo aquello que los padres le transmiten subliminalmente a través de su actitud, conducta y pensamientos.

El libro te ayuda a tomar conciencia del impacto que tienes como madre o padre en la evolución de tu hijo y también en su felicidad. Te ayuda a rasgar capas de condicionamientos y a ver las cosas en su esencia. Y la mayoría de ellas son cosas que ya conoces o que sientes, pero que se te olvidan en el transcurso de la vida, cuando uno está propenso a descuidar sus prioridades.

Es posible que no percibas un gran provecho de este proceso. No obstante, una vez que tomas conciencia de algo las cosas a tu alrededor empiezan a mudar. Tus reacciones no seguirán siendo las mismas, porque ahora ya puedes intuir su efecto, que muy probablemente no deseas.

No pienses ahora que todo el futuro de tu hijo depende únicamente de ti. Todo lo que le ofreces, en tu calidad de madre o padre, pasa antes por el filtro de la personalidad del niño. Y dicho filtro ya no depende de ti. De ti solamente depende la materia prima.

Tu deber consiste en que esa materia prima, elaborada por la personalidad de tu hijo, sea sana y hermosa.

No dejes que te inquiete el pensamiento de que no eres perfecto. Nadie lo es. Pero siempre hay una manera de hacer las cosas mejor.

Ser padre no es el más simple de los oficios. Por eso mismo muchos padres querrían saber más cosas al inicio del proceso de crianza y educación del niño. Sin embargo, este oficio se aprende especialmente viendo y obrando. Los padres crecen a la vez que su hijo. Padres e hijos nos desarrollamos juntos.

La dirección es la que realmente importa.

Y para que no pierdas la dirección correcta, es imprescindible que veas las cosas en su conjunto, y comprendas los mecanismos y las leyes universalmente válidas que dirigen la vida de todos nosotros, sin que podamos influir en ellas. Una vez consciente de todo ello, podrás ser la madre o el padre que deseas ser y apoyar a tu hijo a lo largo de su evolución, para que se convierta en la persona que anhela ser.

La experiencia de cada vida es única. Hay, sin embargo, un denominador común que nos puede ayudar a descifrar los resortes del alma humana. En todas partes, las personas acarrean consigo su propia historia: sus penas y alegrías, sus temores y frustraciones, sus deseos y necesidades. En el centro de su propia historia gravita la relación con su madre y con su padre. Y todo arranca aquí.

1.
¡Un buen modelo a seguir!

¡Los padres comen uvas agrias
y a los hijos se les destemplan los dientes!
(Refrán)

Por muchas cosas que le enseñes a tu hijo con la intención de ofrecerle una buena educación, no hay nada que pese tanto como tu propio comportamiento.

Todo lo que tú haces en relación con él y con las demás personas, la actitud que manifiestas, la manera en que actúas en la vida, representan sus *verdaderos puntos de referencia.*

En vano le enseñas al niño que nunca es bueno mentir, si él te escucha diciéndole a tu compañero de oficina que, por estar enferma, no puedes acudir al trabajo, mientras te estás preparando para ir al campo a vendimiar.

¡Tú eres el modelo de tu niño!

Tú no lo percibes como una mentira, porque sabes que el propósito es ayudar a tus padres ya mayores, y todos estos subterfugios tienen el fin de facilitarles la vida.

Como adulto usas estas pequeñas afirmaciones inexactas, porque hay muchas situaciones en la vida en las que uno no puede decir la verdad. A veces tienes que pulirla para no ofender o herir a alguien, otras no puedes decirla por varios motivos. Para el jefe no tiene importancia alguna el viñedo de tus padres, y no estaría de acuerdo con que faltes dos días al trabajo, cuando hay tanto que hacer. ¿Y entonces qué haces? Uno no puede enfermar de repente. Y además, si realmente te enfermaras, no podrías trabajar la viña.

Si tu hijo te sorprende un día diciendo una mentira en el trabajo y al día siguiente te oye diciéndole a la abuela: "Sí, mamá, claro que hoy no le he dado patatas fritas" cuando se las acaba de comer, al niño empieza a parecerle más fácil mentir en vez de contar la verdad. ¿Para qué tantas explicaciones si él puede decirles a los padres justamente lo que ellos quieren oír y así seguir a lo suyo?

¡Nunca dejes de pensar en el impacto que tus acciones tienen en tu hijo!

He conocido a personas a quienes la mentira les resultaba más sencilla que la verdad. Lo hacían sin pensarlo y sin inmutarse. Mentir se había convertido en su manera de ser.

Y nunca me ha dejado de fascinar esa capacidad por la ligereza con que lo hacen. Sin pensar demasiado en las consecuencias o en lo que podría pasar si la verdad saliera a la luz. Y aunque se dan cuenta de que nadie les cree, ya no pueden dejar de mentir. Para ellos es mucho más fácil así. Cerrar los ojos y creer sus propias mentiras.

De cualquier modo, ahora no estamos hablando de mitómanos.

Usar una verdad o una mentira más o menos pulida, representa una de las facetas fundamentales de nuestra vida social y también interior.

La capacidad de decir la verdad está vinculada tanto a la capacidad de mostrarse al mundo tal como uno es, como a la medida en que uno se siente aceptado por los demás. Además, la aceptación es un sentimiento cuyas bases se asientan en la infancia y que te sigue constantemente en las relaciones con los demás.

Generalmente la gente miente para salir de situaciones difíciles, conflictuales o para mejorar su imagen ante los demás. ¿Y para qué mejorar su imagen?

Porque la opinión que tiene uno de sí mismo no alcanza el nivel que considera idóneo para ser aceptado y valorado por los demás.

Y así acabamos de tocar un tema importante, ya que en muchas ocasiones el niño inventa o miente con el fin de ser aceptado por los adultos. Pero si tú, en calidad de madre o padre, le mostraras que lo quieres tal y como es, con sus sensibilidades, con sus miedos, con sus impotencias, él no sentiría la necesidad de mostrarse diferente ante ti.

Hay muchos casos en los que los padres le dicen algo al niño y hacen justamente lo contrario. Y aunque se esfuerzan en ofrecerle una buena educación, consideran que de este modo también puede funcionar.

¡No digas algo para luego hacer lo contrario!

La verdadera educación la hacen los hechos. Las palabras tienen valor siempre y cuando vienen acompañadas por hechos que las fortalezcan. Cuando no es así, todo lo que dices no tiene ningún valor para el niño, si lo que haces no confirma lo que le transmites verbalmente.

Es más, el niño llegará a sentirse desubicado y rechazará tus enseñanzas si tu conducta no las defiende. Y en lugar de obtener el resultado que deseas, conseguirás la reacción inversa.

Decir algo y luego hacer lo contrario le causa malestar y un conflicto interior a tu hijo. A raíz de este conflicto él tendrá que hacer una elección. Y la probabilidad de que elija lo que sostiene tu comportamiento es mayor que la de que siga fielmente tus palabras.

Si tú eres una persona desordenada pero le impones a tu hijo que recoja sus juguetes porque "él debe aprender a ser ordenado ya que otras preocupaciones no tiene", a la primera oportunidad que tenga para manifestar su elección interior, renegará el orden porque también funciona sin él, y, además, implica mucho menos esfuerzo.

Y ni te puedes imaginar hacia dónde va tu niño a través de estas zozobras interiores. Él puede pensar: "¿Será que mi mamá está mintiendo?". Y nunca sabrás su respuesta.

Y si llega a la conclusión de que su mamá realmente está mintiendo, no puedes imaginar todo el malestar interior que provoca dicha deducción. Y tampoco las consecuencias de su nueva convicción. Además, es muy probable que saque la conclusión de que todo lo que le cuentas no es verosímil. Y es así cómo un hecho tan insignificante puede destruir la confianza de una relación para toda la vida.

¡Ojo con los conflictos que siembras en el alma de tu hijo!

Lo que le inoculas al niño a través de tu personalidad impacta en su futura personalidad y en su carácter.

Si eres una persona acongojada, actuarás como tal, y crearás las premisas para que también se manifieste dicho estado en tu hijo.

Si eres una persona reservada y huraña, piensa que estos son los mismos valores que le transmites a tu hijo. Porque es este su modelo.

Si eres ese tipo de persona que no se impacienta fácilmente y no se inquieta cuando surge alguna dificultad, si te muestras segura de ti misma y de tu capacidad de encontrar una solución, el niño notará tu disposición, la va a interiorizar y así la probabilidad de que en el futuro adopte la misma actitud ante las dificultades crece considerablemente.

Ahora bien, es verdad que no somos copias fieles de nuestros padres, pero hay una gran parte de nosotros que se la debemos a ellos o a la interacción con ellos.

Si tú acostumbras a recurrir a la mentira, no esperes que el niño cuente la verdad.

Si eres una persona entregada a los vicios, imagínate qué impacto tienen ellos en tu hijo. Y piensa que más tarde él tendrá las mismas malas costumbres como tú. ¿Qué sentirás tú como madre o padre al ver que pasa todas las noches en blanco? ¿Te preocupará la idea de que no descanse lo suficiente? A ti te parece natural quedarte hasta las tantas de la noche, para ti siempre encuentras una razón fundada. Siempre y cuando se trate de tus acciones, hallas miles de justificaciones.

Pues bien, no eres la única persona que actúa de esta manera. Todos lo hacemos así.

En el momento que sientas un precedente ya no puedes controlar lo que está por venir.

Y normalmente lo que está por venir supera al precedente en amplitud.

Si hoy le das a alguien un dedo, es posible que mañana te tome la mano. Si te muestras demasiado clemente con los problemas del subalterno y, aunque él no se presente en el trabajo, no le pones falta, en la mayoría de los casos la situación volverá a repetirse. Y volverá a repetirse de una manera que sobrepasa considerablemente la situación inicial. Lo más probable es que empiece a faltar cada vez más, o que llegue con retraso al trabajo, pero siempre con la pretensión de que lo comprendas.

Si tu estilo de vida se ha caracterizado por quedarte despierto hasta las altas horas de la noche y, más aún, si acostumbraste al niño a que se quede contigo hasta muy tarde, ¿por qué te extraña ahora que, una vez adolescente, vaya a la cama de madrugada y luego se despierte muy tarde?

Según lo dicho anteriormente, un precedente es una acción que conlleva otras acciones, imposibles ya de controlar. Esto implica que, para volver a encaminar las cosas en dirección al rumbo deseado, hay que imponer una acción radical.

Al tratarse de la educación de los niños las cosas son mucho más frágiles. Y esto se debe a una sola razón: los términos de la relación con tu hijo se encuentran bajo una evolución permanente.

No se parece a la relación con el subalterno o con el jefe, que en grandes líneas sigue siendo la misma, a veces tornándose más cordial o más tensa. El estatuto de tu hijo está sujeto a un continuo cambio. Ahora es apenas un bebé, luego un niño, más tarde un adolescente y de repente es ya un adulto. Pasando de una fase a otra tienes que relacionarte de manera distinta con él, porque también su estatuto va cambiando.

Un precedente, una vez que ha sido creado, conlleva situaciones que sobrepasan los confines del precedente anterior.

Si a menudo y sin darle gran importancia le mostraste a tu hijo la total confianza por una decisión que él mismo tomó, posteriormente será capaz de extender esta confianza hacia situaciones cada vez más importantes y se tornará más confiado en su capacidad de tomar decisiones.

Si los padres manifiestan con su conducta falta de respeto para con su hijo, en el sentido que desoyen los deseos de este y dan prioridad solo a sus intereses de adultos, pueden llegar a quejarse más tarde porque su propio hijo no les hace caso. ¡Y eso después de todos sus esfuerzos por criarlo!

A menudo escuchamos a nuestro alrededor la siguiente expresión: "¡Criar niños! ¡Para que luego cuando crezcan te falten el respeto!".

Y es que, tras haberle obligado durante toda su infancia a que hiciera cosas sin ayudarle a comprender su sentido, solamente diciéndole "hay que", imponiendo tu punto de vista de adulto sin escuchar también lo que él tiene que decir, ¿te extraña ahora que tu proprio hijo te esté faltando el respeto?

Si quieres tener un hijo respetuoso, muéstrate tú mismo respetuoso con él aunque sea solo un crío. Hazle entender que lo que él quiere, lo que él siente, su punto de vista, son muy importantes para ti. Y muéstrale esto mediante todas tus decisiones y acciones.

Hazle entender a tu hijo que lo que él quiere, lo que él siente, su punto de vista, son muy importantes para ti.

¿Quieres tener un hijo que luego pueda valerse por sí mismo? Entonces muéstrale que tú también puedes salir adelante de las situaciones difíciles. Muéstrale que eres una persona dueña de sí misma y que no esperas que venga otro a solucionarte los problemas.

¿Quieres tener un hijo alegre? Entonces enséñale que sabes reír. Muéstrale que eres capaz de gozar la vida. Y ríe junto a él.

Los modelos que rodean al niño representan un aspecto importante para su formación. Porque el niño aprende viendo la reacción de los demás en diversas situaciones y observando qué conductas son las más valoradas.

Hay tres fuentes principales de modelos: la familia, la escuela y el grupo de amigos. Para conseguir una buena evolución de su personalidad, el niño precisa de modelos dignos, de personas que puedan inspirarle y ayudarle a conocerse a sí mismo.

Los niños precisan de modelos.

Si miramos hacia atrás, cada uno de nosotros puede decir en qué medida ha sido influido por el profesor X, quien lograba captar la atención de todos con sus historias entretenidas y su humor, o el profesor Y, que era muy severo y en cuyas clases nadie se atrevía a hacer novillos.

Si el primero te empujó a valorar a las personas que tienen el don de narrar, y a pensar mejor cuando tú estás contando algo, el segundo te infundió miedo y te hizo comprender que hay personas con las que es mejor no jugar.

Y si vuelves la mirada hacia tu infancia, seguro que también te acuerdas de ese amigo de tu padre quien hacía reír a carcajadas a todos con sus bromas. La gente se sentía a gusto con él y por eso recibía muchas invitaciones. Y tú prestabas atención cuando él hablaba, porque te gustaba el ambiente relajado y la alegría general. Gracias a esto, tú también has desarrollado tu sentido del humor y te encanta cuando los amigos ríen con tus chistes.

Pero quisiera hacer un pequeño paréntesis con relación a lo dicho y que resulte válido para el libro entero: la receta del desarrollo de una personalidad es muy compleja. Porque la personalidad es el resultado de la mezcla de varios ingredientes: la estructura interior de la persona, la sensibilidad, las aficiones, el medio, etc.

Al final, la combinación es una magia, en la que los padres desempeñan un papel esencial en el proceso de formación de la personalidad del hijo.

La personalidad es el complejo resultado de la combinación y la transformación de varios factores.

A lo largo de la vida uno recibe distintas influencias y añade un poco de cada persona con la que interacciona.

En el trayecto del devenir de tu hijo lo que él toma de ti constituye la base fundamental para todas las influencias y transformaciones posteriores.

El niño es el espejo de sus padres. Él refleja sus estados de ánimo y el ambiente de la casa. Si deseas que tu reflejo sea brillante, tienes que cuidarte antes de todo a ti mismo. A ti mismo en relación con él y con el mundo.

Quieras o no, tú eres el modelo de tu hijo. ¿Pero qué clase de modelo? Esto solo tú lo puedes decidir.

2.
Un ser único

Conócete a ti mismo.
(inscrito en el frontispicio del templo de Delfos)

Por mucho que se parezca a la madre, al padre o a los abuelos, tu hijo es único. Es una individualidad distinta a todas las demás.

Por mucho que se parezca a los demás niños de su edad o por muchas cosas que tuviera en común con ellos, hay diferencias y tú, en calidad de madre o padre, eres quien mejor percibe esto.

En realidad cada persona es única y aunque por fuera su conducta se parezca a las demás, por dentro hay diferencias tanto cualitativas como cuantitativas. Las personalidades pueden asemejarse, pueden tener muchas cosas en común, pero ello no implica que sean idénticas.

Cada niño es único y hay que tratarlo como tal.

Esta diferencia e individualidad nuestra representa una verdad fascinante. Constituye la sal y la pimienta de las relaciones sociales. Si fuéramos todos iguales, nos aburriríamos pronto los unos de los otros. Y el conocimiento de otra gente no nos traería ninguna alegría.

Esta diferencia nos ayuda a idear soluciones distintas para el mismo problema, a desempeñar de manera diferente el mismo papel social, a pensar y actuar de un modo único. Y también gracias a esta unicidad, la gente percibe las cosas de forma diferente.

La percepción influye en todas nuestras vivencias. Gracias a ella la gente puede entender cosas completamente distintas, aún cuando se trate del mismo evento. Gracias a ella puede ver cosas ahí donde en realidad no las hay.

Porque cada persona se guía según su propia verdad. Con respecto a una misma cosa pueden existir varias perspectivas, y es posible que cada una de ellas resulte verdadera.

¿Y qué significa para ti, en calidad de madre o padre, conocer la unicidad de tu hijo? Significa el regocijo de conocer realmente a tu niño. Significa conocerle más allá de todas las convenciones sociales. Y para el niño representa la posibilidad de expresarse, de compartir lo que él realmente es.

Todos llevamos dentro la necesidad de ser comprendidos y aceptados. Significa bienestar, porque él no tiene que disimular o intentar aparentar ser otra persona. Significa la seguridad de ser aceptado y amado tal como es.

Y resulta fundamental discernir esta unicidad que reside en cada uno de nosotros. Aunque parezca un hecho sencillo y se de por descontado, la mayoría de la gente actúa como si en realidad no lo entendiera.

Los padres son propensos a comparar a sus hijos con los otros niños de su edad, con sus hermanos o hasta con ellos mismos cuando tenían la misma edad, sin embargo al niño le acompleja el hecho de ser comparado con otros. Para él significa no ser entendido y ser considerado inferior a los demás, y de aquí hasta que surja su falta de confianza no hay mucho trecho.

Si bien es verdad que las comparaciones nos ocupan mucho tiempo, también es cierto que no conllevan nada más que amargura e inseguridad.

El niño observa a su compañero y así codicia un ordenador mejor, ropa más cara o la libertad ilimitada de la que su compañero puede gozar y él no pues las comparaciones nos empujan a mirar el jardín del vecino y a valorar más lo que este tiene. Y es así que olvidamos apreciar lo que nosotros tenemos.

La vida social y la educación, impartida especialmente en la escuela y quizás también en casa, nos enseña que solamente aquellos que entran en la competición y ganan son personas valiosas. ¡Gran error!

Cada ser humano representa un valor en sí mismo y no tiene que probar a nadie más dicho valor.

Cada ser humano representa un valor en sí mismo y no tiene que probar a nadie más dicho valor.

Este espíritu de competición con el otro ha engendrado una serie de monstruos. La envidia, el egoísmo, la falta de tolerancia. Cuando, en verdad, la única competición en la que deberíamos entrar es la competición con nosotros mismos. Esta tendría que ser la única que nos llame la atención. No creo que los genios o los que aportaron muchos beneficios a la humanidad se lanzaran a competir con los demás.

¿Con quién podrían haber competido ellos si sus ingenios y conocimientos resultaban obviamente superiores a los de los demás? Ellos solamente sintieron que podían más.

Cada uno de nosotros tiene un potencial por realizar y este representa una meta en sí mismo.

La única competición en la que deberíamos entrar es la competición con nosotros mismos.

Sin embargo la gente se ha empapado tanto con este espíritu de competición que muchas veces se encuentra compitiendo incluso en las relaciones de pareja. Y muy a menudo estas relaciones se tornan una lucha por el poder. Si regresas a los recuerdos de tu infancia te darás cuenta de que fuiste arrojado a esta competición cuando aún eras muy pequeño. Y cuánto arruina esta competición tu relación con la pareja seguramente ya lo sabes. La relación de pareja, así como las demás relaciones, tiene que ser una comunidad y jamás una competición.

Imbuidos por modelos y reglas sociales que nos arrojan hacia la uniformidad, nos arriesgamos a olvidar quiénes somos en realidad. El camino hacia uno mismo está recubierto de experiencias y elecciones, así como del crecimiento de la auto conciencia. A veces resulta difícil elegir ser uno mismo y no uno de los modelos aprendidos. Y algunas personas necesitan su vida entera para comprenderlo.

Ayuda a tu hijo a que se descubra. No todo el mundo es un Einstein, pero cada persona conlleva algo valioso. Y solamente le falta descubrirlo.

Este valor no se limita solo a un ingenio o a una propensión hacia la música, la pintura, las matemáticas, etc. Puede ser también un rasgo de la personalidad –como la bondad, la sinceridad, la alegría, etc.– que ha manado de su naturaleza humana. Indistintamente de la naturaleza de este valor, una vez descubierto a tiempo, puede crecer y alcanzar la madurez a través de su misma expresión y manifestación.

Conozco una persona ante la cual uno se libera de todas sus penas, olvida los disgustos y de la nada se siente mejor porque a su alrededor irradia alegría y bondad. El hecho de embellecer la vida de la gente próxima, de hacerla más radiante, representa un don muy valioso.

Puedes ser valioso porque siempre sales en auxilio de tu prójimo cuando éste te necesita; puedes ser valioso por el buen gusto y la manera en que decoras la casa, por el talento con el que cuentas anécdotas y que hace que todos acudan a escucharte, por el jardín que estás cuidando y las flores que cultivas con amor, por la familia armoniosa que tienes –¡ahí también reside tu mérito!–, por tu serenidad, etc.

Imbuidos por modelos y reglas sociales que nos arrojan hacia la uniformidad, nos arriesgamos a olvidar quiénes somos en realidad.

En tu calidad de madre o padre quieres que tu hijo esté a buen recaudo. Anhelas que siga cierta trayectoria. Que estudie, que tenga un buen trabajo, que forme una familia. Sin embargo es posible que todas estas cosas no lo hagan feliz. Es posible que por dentro viva una constante lucha entre lo que realmente quiere ser y lo que es. Presta atención a lo que él es. Porque es único. Solo hay que prestar atención y observar. Anímalo a que se descubra. Tu hijo necesita tu apoyo a lo largo de este proceso.

Seguramente a ti no te resultará fácil y a veces podrá ser hasta doloroso. Pero al fin y al cabo el resultado es el que importa, porque la vida nos gratifica todo lo que hagamos bien.

La formación de una personalidad es un proceso a largo plazo. Debuta en la infancia, se forma sólidamente durante la adolescencia, pero continúa desarrollándose en la madurez, etapa en la que soporta hondos cambios.

La formación de la personalidad es el resultado de las propias experiencias y elecciones, es la asimilación de los modelos de conducta social, pero también es el descubrimiento de uno mismo.

Tu papel como madre o padre en este proceso es muy delicado, importante y nada exento de dificultad. Y la dificultad reside en las dos facetas de dicho papel: por una parte encaminas a tu hijo hacia la asimilación de los modelos de conducta necesarios para la convivencia en la sociedad, y por otra parte le ayudas a que se descubra a sí mismo y que se manifieste como individuo.

El apoyo que le ofreces al niño en su empresa de explorar su propia personalidad le evitará más tarde un montón de frustraciones. Los padres se alegran cuando su hijo se parece a ellos, y eso es natural en la medida en que todo lo que él tomó de ellos resulta ser un beneficio para su propia vida. No obstante, es imprescindible que se descubra a sí mismo, hallar todo aquello que lo define a él y no a sus padres. Este descubrimiento, discernimiento y la manifestación de sí mismo harán posible que se sienta a gusto en su pellejo. Él necesita entender quién es, delimitarse a sí mismo como ser independiente de su madre y su padre.

No debe ser la copia de nadie. Tiene que ser él mismo.

Tú como madre o padre ayúdale a lo largo de este proceso observando con cariño la manifestación de su propio yo y su integración dentro de las normas sociales.

Probablemente ahora vas a preguntarte: ¿cómo puedo yo saber cuál es su propio yo? Pues bien, su proprio yo se expresa a través de todo lo que le provoca júbilo y le hace estar a gusto. Si prestas atención, seguramente vas a notarlo. Solo tienes que darle la ocasión de que lo manifieste, en la medida en que no perjudiquen a los demás.

No sobre cargues a tu hijo con el cumplimiento de tus aspiraciones, porque él es una persona totalmente distinta, que a su vez tendrá sus propios ideales.

No dejes caer sobre sus hombros el peso de tus frustraciones y fracasos. No digas: "Si yo no fui capaz de realizar eso, al menos que lo haga él", porque no puedes saber si lo que tú deseaste para ti se ajusta a su persona. Permítele que descubra lo que él mismo aspira a ser.

No sobre cargues a tu hijo con el cumplimiento de tus aspiraciones porque él es una persona totalmente distinta, que a su vez tendrá sus propios ideales.

Cada personalidad, cada individualidad representa un universo por explorar por uno mismo y por los demás.

Cuanto más descubrimos la unicidad de nuestro prójimo, su discernimiento se hace más profundo y nosotros nos aproximamos más a la esencia de su ser. En realidad, todos queremos saltar la barrera de los comportamientos aprendidos. Todos necesitamos manifestaciones sinceras de esas que brotan de lo más profundo del ser.

Los beneficios de la expresión de uno mismo son incontables. Las relaciones humanas se tornarán más cálidas, más próximas y más naturales. Y me imagino que es así como quieres que sea la relación con tu propio hijo.

3.

Las costumbres, nuestra segunda naturaleza

En todo lo que emprendáis, tratad de empezar bien,
porque el desarrollo de un proceso
depende de su comienzo.
(Omraam Mikhael Aivanhov)

A lo largo de nuestras vidas de adultos libramos batallas con nuestras propias costumbres. Siendo niños no nos damos cuenta de su importancia, pero cuando realizamos cuánto nos afectan, comprendemos también cuán difíciles de cambiar son.

Dicen que las costumbres son nuestra segunda naturaleza. Y es realmente así. Si pensamos solo un momento en aquellos hábitos que manifestamos a lo largo de un solo día, nos damos cuenta de que la mayor parte de nuestra vida se basa en las costumbres.

Nuestra vida se basa en las costumbres.

La costumbre de tomar el café por la mañana cuando te levantas, la costumbre de salir tarde de casa o de ser puntual, la costumbre de comer a cierta hora, la costumbre de llamar a tu madre por la tarde, la costumbre de hablar sobre esa compañera que no está, la costumbre de tararear una canción al volante, la costumbre de acostarse tarde, la costumbre de sonreír, la costumbre de llevar el pelo de cierto modo, de tirar la ropa por todas partes, etc. Y la lista es muy larga. Verdaderamente larga.

Nuestras acciones diarias van repitiéndose tan a menudo que los días se asemejan demasiado el uno al otro. Muchas veces la diferencia la hace un encuentro con los amigos, un espectáculo, una tarde de lectura, un momento agradable en familia. De no ser así, los días pasarían uno tras otro basándose casi en las mismas acciones.

No obstante las costumbres tienen su papel. Nos hacen sentir seguros porque nos ofrecen una experiencia cuyas consecuencias ya conocemos.

Nos ofrecen el placer del ritual, como el de tomar cada mañana el café con el cónyuge, de saborear el silencio discreto de la mañana, o de cenar cada noche con la familia.

Siendo niño, por ejemplo, la costumbre de ir a casa después del colegio y de contar a la familia los acontecimientos del día satisface tu necesidad de compartir la vida con las personas queridas, la necesidad de ser comprendido o de ser apoyado y aconsejado cuando no estás seguro del significado de lo que te acaba de pasar. Una vez adulto, esta costumbre te puede ayudar a comunicar con tu nueva familia, gozando de su apoyo y empatía en el desarrollo de los eventos de tu vida, y puede fortalecer tanto la relación de pareja como la relación con tu propio hijo. Muchos niños sufren por falta de comunicación con los padres, y eso no se debe a una carencia de amor por parte de ellos, sino a que los niños mismos no han aprendido a comunicar.

Las costumbres nos dan seguridad.

Sin emabrgo, tratándose de una manifestación permanente de ciertas acciones, ello significa que su importancia es considerable y que repercuten en nosotros para bien o para mal.

Toda esta cuestión abarca dos aspectos

importantes: la mayor parte de estas costumbres las adquirimos en la infancia. Y resultan muy difíciles de cambiar.

Muchas de las costumbres las adquirimos en la infancia y son muy difíciles de cambiar.

Y es por ello que los padres deben prestar mucha atención a las costumbres que el niño está adquiriendo. Más aún, ellos tienen que contribuir a la adquisición de unas buenas costumbres.

Porque ellas nos mejoran la vida y nos la alumbran, la hacen más fácil y cómoda, mientras que las malas costumbres nos pueden conducir hacia verdaderos dramas.

Las costumbres influyen en la calidad de nuestra vida.

Uno puede enfermar como consecuencia de una alimentación malsana o, por la misma razón, puede engordar mucho y con ello emerge la incomodidad, la falta de auto estima, el aislamiento, la desconfianza en uno mismo. Hay todo un engranaje de mecanismos psicológicos que se ponen en marcha y que, al final, pueden hacerte sentir extenuado y sin ganas de vivir. En cambio, si eres una persona que por ejemplo tiene la costumbre de cenar algo ligero a la misma hora, puedes estar seguro de que, por el hecho de no ir a la cama con el estómago lleno, descansarás bien.

Pero veamos otra situación que no depende de la alimentación. ¿Has escuchado la expresión "enfadado con la vida"?

Hay personas que se han acostumbrado a ver solo las cosas desagradables de su vida, o solo aquellas cosas que les faltan, que ignoran totalmente lo que tienen. Y así llegan a vivir cada día enfadadas con la vida, sin darse cuenta de lo que se están perdiendo y las cosas bellas que están ignorando. Más aún, con cada sonrisa que no manifiestan, con cada buena acción hacia los demás que no hacen, con cada pensamiento positivo que no piensan, pierden la oportunidad de mejorar su vida. Es su oportunidad y la desperdician ignorándola.

Y estos son apenas algunos ejemplos acerca de qué efectos pueden tener las malas costumbres en nuestra vida.

Pero veamos también qué puede hacer una buena costumbre.

Imaginémonos cómo tu hijo se ha acostumbrado a ser indulgente. Esto contará enormemente en su vida, apartando el enojo, la ira y otros estados de ánimo negativos gracias a que aceptan a los demás tal y como son. Se reflejará en su bienestar interior, en la paz y la armonía que sentirá. No siendo ese tipo de persona que critica y juzga a los otros a cada paso, la gente estará a gusto en su compañía.

¿Cuántas cosas desagradables pueden ocurrir con la ira? Puedes ofender al ser querido, puedes decir hasta cosas que ni siquiera piensas solo por la necesidad de desahogarte. Y las palabras duras pueden incrustarse dentro de nuestro corazón durante mucho tiempo, afectándonos e influyendo en nuestras acciones.

Ahora bien, la indulgencia tiene sus límites. Cuando uno es demasiado tolerante, se arriesga a ser fácilmente "usado" por los demás. Por esto resulta muy importante que ayudes a tu hijo a que comprenda que la tolerancia tiene también sus límites.

La tolerancia es muy valiosa a la hora de aceptar a los demás tal y como son, y no juzgarles con respecto a lo que nosotros quisiéramos que fueran.

Las costumbres nos pueden hacer la vida difícil o nos la pueden mejorar.

Las costumbres nos representan. Nos forman el

carácter. Definen nuestra personalidad. Puedes conocer a una persona según las costumbres que tiene.

Si damos con una persona que duerme generalmente unas 10-12 horas al día y luego necesita otras 2 horas para levantarse de la cama, es muy probable que no sea muy eficiente en lo que hace y que le cueste mucho hacer lo que tiene que hacer. Cuando el motor está tanto tiempo adormecido, resulta muy difícil hacerlo trabajar a su capacidad máxima.

Hay personas que debes evitar cuando se despiertan porque están malhumoradas, se comportan agresivamente con los demás y sólo quieren que las dejen en paz.

Esta reacción permanente a la hora de despertarse ya se ha convertido en una costumbre. Y podemos pensar: "¿Por qué estará X siempre tan enfadado cuando se despierta, sin que tenga una razón real para enojarse?".

Podemos deducir que algo del pasado de dicha persona la encaminó hacia esta costumbre. Una vez, en cierto momento, hubo un motivo real para que esa persona se enfadase al despertarse.

Con el paso del tiempo, esta reacción se cristalizó como costumbre sin que hubiera un origen en la realidad inmediata.

Costumbres, costumbres... Si eres una persona que siempre llega tarde, se puede decir de ti que no respetas mucho a los demás.

Si eres una persona que se queja constantemente y si transformas cada encuentro en momentos desagradables, cargándoles tus problemas a los demás, ellos acabarán evitándote y te convertirás en esa compañía que la mayoría de la gente no desea. Los amigos pensarán de ti que te resulta más cómodo quejarte en vez de hacer algo para cambiar tu situación.

Las mayoría de nuestras costumbres proceden de la infancia y nos afectan toda la vida.

Las costumbres se manifiestan en todos los aspectos de nuestra vida. Hay, sin embargo, algunas categorías de costumbres más importantes que nos influyen de forma contundente tanto a corto como a largo plazo.

Nuestro alimento de cada día

Unas de las costumbres más enraizadas que intentamos cambiar son las alimenticias. Nadie modifica su rutina alimenticia porque haya descubierto mejores sabores, sino solamente porque trata el tema desde otra perspectiva.

En un momento dado, llega el día en el que nos damos cuenta de lo importante que es la salud. En la infancia lo oyes repetidamente, pero no le haces caso. Apenas eres un niño, tienes la vida entera por delante. ¿Qué te importa a ti? Y cuando, por fin, comprendes su importancia, te das cuenta de que tienes que cambiar un montón de costumbres alimenticias. Empiezas una lucha terrible y haces muchos esfuerzos para cambiar apenas un detalle como, por ejemplo, dejar de comer después de una cierta hora, evitar una categoría de alimentos, etc.

Consigues respetar esta nueva costumbre por un tiempo, te sientes muy orgulloso de ello y luego, casi sin darte cuenta, pasa algo y regresas a las viejas costumbres.

Después de haberte privado un tiempo de algo que antes te causaba placer, después de juntar todas tus fuerzas para librar batallas con algo más fuerte que tú y vencer, más tarde, a pesar de todo el éxito que tuviste, la vieja costumbre vuelve a surgir. ¿Por qué? ¿Y eso después de tanto esfuerzo?

Allá en las profundidades del ser humano, las costumbres se transformaron en nuestra segunda naturaleza y la gente se esfuerza para cambiarlas solo en situaciones límite. Y pocos lo hacen definitiva, libremente y sin apremios.

Las costumbres son difíciles de cambiar.

Muchos regresan a las viejas costumbres aunque el esfuerzo hecho para cambiarlas sea enorme. Y entonces crecen la desilusión y la falta de confianza en uno mismo.

Con respecto a la alimentación hay muchas teorías, a veces tantas y tan diferentes que ya no sabemos cuál de ellas hay que seguir.

En este alud de información y anuncios que nos rodean, hay que encontrar la capacidad de ver la sencillez de las cosas. Por muchas informaciones que nos lleguen, hay unos principios básicos de alimentación que pueden ser transmitidos también a los niños.

Pero esto implica el ejemplo del padre o la madre y un control consciente de los alimentos que están en casa al alcance del niño.

El mero hecho de comer es una de las costumbre más habituales en la vida de cada uno de nosotros.

Comemos en casa, en el trabajo, picamos algo en el camino, y lo cierto es que para muchos de nosotros esta actividad llega a ocupar bastante tiempo. Sin apenas darnos cuenta, engullimos impresionantes cantidades de comida.

Porque comer es uno de los grandes placeres del ser humano. Y una de las grandes adicciones. Dependemos de sabores, aromas, formas y de las experiencias culinarias que hemos gozado anteriormente.

Y el hecho de que el comer nos ocupe tanto tiempo de nuestra vida quiere decir que también su efecto es uno considerable. Las consecuencias son inmensas. Quien ha ayunado por lo menos durante un mes, ha sentido la fuerte influencia, aunque también sutil, que la comida tiene no solamente en nuestro físico, sino también en la psique.

Los niños adoptan muchas de las costumbres alimenticias de los adultos.

La gente consuma muchos alimentos dañinos por ignorancia, por comodidad o por mala costumbre. Entre todas estas, pienso que las últimas dos van mano en mano y son las más fuertes. De una manera u otra, cada uno de nosotros sabe cuándo hace algo errado. Solo que no presta mucha atención.

Los niños adoptan muchas de las costumbres alimenticias de los adultos, como la costumbre de desayunar, de beber gaseosas o no, de comer cosas preparadas en casa o comida rápida, de cenar muy tarde, etc.

Una alimentación sana es la clave de un organismo sano, y nuestra felicidad está muy ligada al estado de nuestra salud. Aunque parezca raro, casi paradójico, la mayoría de los adultos valoran la salud, pero actúan realmente con la intención de cuidarla solo cuando les falta.

Más tarde, cuando sea adulto, tú hijo desperdiciará una significante cantidad de energía con la intención de deshacerse de las costumbres malsanas. Porque más tarde o más temprano, quiera o no, deberá emprender este esfuerzo. Bien quiera adelgazar o mejorar el estado de su salud, será consciente de que debe establecer nuevas reglas que tendrá que cumplir.

Las buenas costumbres que inculcas a tu hijo le evitarán todos los esfuerzos, la lucha por volver a empezar de cero constantemente y le ayudarán a encauzar su energía hacia otras facetas más constructivas de su vida.

Los pensamientos, otra clase de alimento

– sacamos la energía de nuestros pensamientos –

Pocas cosas están tan presentes en nuestras vidas como los pensamientos que tenemos. Comamos o no, durmamos o no, los pensamientos nos acompañan constantemente. Manan de un arroyo subterráneo del que extraemos continuamente nuestra energía.

Si tus pensamientos son bellos, optimistas, confiados, tolerantes, entonces la energía que sientes será benéfica. Y te das cuenta de que es benéfica gracias al bienestar que te acompaña. Si tus pensamientos conllevan miedo, envidia, aflicción etc., entonces se esfumará el bienestar. Te sentirás falto de energía y la energía que te queda arruinará todo lo bueno de tu vida. La llamamos comunmente energía negativa.

¿Has visto alguna vez una alfombra enrollada? Imagínate que dentro de ella, en el interior de este rollo, están tus pensamientos. Al extender la alfombra proyectarás el camino de tu vida. Y cuando tus pensamientos empiezan a cobrar forma, se crean también las premisas de su materialización.

Nuestros pensamientos son tan importantes como nuestras acciones. Hay energía en cada uno de ellos. Y esta energía captará para ti aquellas cosas en las que estás pensando, independientemente de si las quieres o no. Piensas en ellas y con esto ya basta.

El pensamiento tiene sus propios mecanismos. La manera en que pensamos se basa en unos ajustes, unos condicionamientos que brotan de la infancia. Y ello funciona como un filtro: hasta cierto nivel de nuestra consciencia, no divisamos la realidad tal como es sino en el modo en que estamos acostumbrados a verla.

Digamos, por ejemplo, que una persona de tu grupo de amigos hace cierta afirmación con respecto a ti que te ofende. Sientes que ello te molesta y, al mismo tiempo, sientes cómo tu ira va creciendo. Al fin y al cabo, sacas la conclusión de que lo hizo a propósito. Que te hirió adrede porque tenía algunas cuentas que ajustar, ya que en otra ocasión tú también dijiste algo que seguramente le molestó. Hasta te acuerdas de lo ofendido que se sintió por lo que le dijiste. Y sigues urdiendo estos pensamientos hasta que la conclusión se hace incontestable. No te estás equivocando. ¡Es realmente esto! Esa persona lo hizo con la intención de lastimarte, si no, ¿por qué te sentiste tan mal?

Luego, en una nueva conversación que tienes con esa persona te enteras de que, en realidad, lo que dijo no era por ti sino por una persona distinta. Y te das cuenta asombrado de que todo el mecanismo del pensamiento ha sido errado. Te avergüenzas, ruedas mentalmente la película del evento entero, ruedas también la película de tu mente y te preguntas con estupor: ¿cómo pudo ocurrir esto?

Tienes aquí una interpretación que no es nada nueva. Cuando eras apenas un niño tu hermana menor no dejaba de ponerte trabas. Y lo hacía porque se sentía bien con ello, se sentía fuerte e importante. Pero tú creías que lo estaba haciendo para lastimarte. En realidad, su conducta no tenía que ver contigo sino con ella misma. ¿Pero tú cómo podías saberlo?

Topándote frecuentemente con esta clase de conducta en la infancia, llegaste a ser sensible a este tipo de observaciones. Una sensibilidad que te arroja hacia un cono de sombra. Y te ocurre con frecuencia pensar que la gente tuvo la intención de ofenderte.

Y así, poco a poco, has extrapolado la experiencia de tu infancia a otras experiencias vitales, casi sin darte cuenta de ello.

Has creado una ruta en la que tu pensamiento transita sin extraviarse ni una sola vez.

Nuestro pensamiento trabaja como un caballo enganchado al carro. Él sabe cómo llegar a casa. Si no lo diriges y no lo guías te llevará siempre hacia el mismo lugar.

Este lugar es como una meta fija. Es la creencia que adquirimos en la infancia. Es muy posible que la ruta cambie de vez en cuando, que no sea un camino de tierra sino uno empedrado o asfaltado, pero al final el lugar adonde llegamos es el mismo.

Nuestro pensamiento sigue su ruta constantemente. Y el punto de partida es la fe. Una convicción enraizada hondamente en nuestra infancia y que muchas veces ni siquiera somos conscientes de ella.

Hay una tendencia natural a demostrarnos las cosas en las que creemos.

Si yo pienso que la gente tiene la tendencia a burlarse de mí, el pensamiento seguirá la ruta que me demostrará que la gente realmente lo hace.

Si yo pienso que soy una persona cuya opinión vale la pena, mi pensamiento no me frenará a expresar mi opinión sino que, al contrario, contribuirá en la afirmación de un punto de vista obvio y fuerte.

Si yo pienso que todo lo que adquirí en la vida lo hice a duras penas y estoy predestinado a emprender las cosas con dificultad, solo después de muchos esfuerzos, el pensamiento seguirá ese camino que me tapa las maneras fáciles de obtener las cosas que deseo.

Cada ser humano percibe su vida a través del prisma de su actitud ante ella, de sus pensamientos, de sus convicciones. Su percepción es la realidad en la que vive. Y es muy posible que dos personas que pasaron juntas por la misma experiencia tengan percepciones completamente distintas con respecto a lo ocurrido.

A primera vista puedes pensar que uno de ellos está mintiendo. Y sin embargo ninguno lo hace. La realidad percibida por cada uno varía en función de su realidad interior.

No es la realidad objetiva la que nos afecta, sino el modo subjetivo en el que nos relacionamos con ella. Y lo que nos influye en la percepción de las cosas reside en las *creencias* adquiridas en la infancia, que constituyen la base de todo el andamiaje del pensamiento futuro.

No es la realidad objetiva la que nos afecta, sino el modo subjetivo en el que nos relacionamos con ella.

A menudo observamos con admiración a varias personas que tienen un enfoque positivo de las cosas. Vemos cómo se confrontan con un problema y pensamos: "Dios mío, si a mi me hubiera ocurrido esto, me habría muerto de miedo. No hubiera sido capaz de hacer nada en esta situación. ¿Por qué no puedo reaccionar yo también así? ¿Por qué no puedo conservar la calma para ver las cosas con claridad?"

Y nos damos cuenta en ese momento de que se trata de una reacción aprendida, una costumbre adquirida a lo largo de la ruta de nuestra vida.

Por tanto no son los problemas los que importan, sino nuestra reacción ante ellos. Todo el mundo tiene problemas. Lo que realmente marca la diferencia es la manera en la que reaccionamos frente a ellos. Y aquí el papel esencial lo tiene el modo de pensar, el ángulo desde el que observamos el problema.

Si el mismo problema le puede resultar insuperable a una persona, para otra es nada más que una situación como otras tantas.

Por muy difíciles que sean las situaciones a las que nos enfrentamos, podemos encontrarles soluciones. La clave reside en no dejarnos vencer por el miedo, porque el miedo nos paraliza los pensamientos, las acciones y la capacidad de ver las cosas claras. Si guardamos la calma y la fe en que hay una solución, esta no tardará en aparecer.

Cada problema tiene su solución. Esta es la fe que debes transmitir a tu hijo.

Y es verdad que la solución que encuentras puede ser totalmente distinta a la que tú imaginabas. Pero justamente en esto reside la verdadera magia de la resolución de los problemas.

Si nos arraigamos en una cierta solución que deseamos fuertemente y queremos que las cosas se resuelvan de una sola manera, entonces es obvio que la probabilidad de resolver dicho problema y encontrar otra solución disminuye.

En cambio, si nos mostramos flexibles y abiertos para recibir cualquier solución posible, vamos a descubrir otras formas de salir de esa situación.

Un pensamiento positivo significa estar abierto a todas las soluciones posibles.

Hace tiempo, tuve un empleado que acudía constantemente a mí y me decía: "Jefa, tenemos un problema". Fuera cual fuera la cuestión, él siempre decía lo mismo. Y me miraba como si todo estuviera perdido.

Después de algunas situaciones semejantes me di cuenta de que se trabada de un patrón de conducta. Cualquier situación difícil representaba para él "un problema".

La primera vez le pregunté: "Vamos a ver, Andrei, ¿qué problema tenemos?". Debo reconocer que sentí un escalofrío por la espalda. Él estaba tan serio y grave que pensé: "Dios mío, ¿qué habrá ocurrido?".

Con el tiempo me di cuenta de que no se trataba de situaciones graves, sino de obstáculos más o menos grandes, inherentes al desarrollo de toda actividad.

Luego empecé a tomar el asunto con tranquilidad, y decía: "Vaya, Andrei, ¿otro problema?".

Cuando nos damos cuenta del impacto de ciertos aspectos adquiridos en la infancia, como las costumbres o la actitud ante la vida, tenemos por un lado la tendencia a sentir pánico, abrumados por la responsabilidad para con nuestro hijo, y por otro lado la de sentir frustraciones.

Pensamos que si tuviéramos la educación de X, nuestra situación sería ahora diferente. Si nuestra madre hubiera sabido transmitirnos todas estas cosas, no nos hubiéramos mortificado tanto. Además, con toda certeza, hubiéramos sabido darle a nuestro hijo cosas mejores. ¿Qué hacemos? ¿Por dónde empezamos?

El pánico y las frustraciones no resuelven nada.

Jamás es demasiado tarde para hablar abiertamente con tu hijo. Indistintamente de la edad que tenga, esto conlleva grandes beneficios en la vida. Una energía inmensa se desencadenará, una energía benéfica que trabajará para su bien.

Nunca es demasiado tarde para detenerse, mirar a tu hijo a la cara (a lo mejor es ya un adulto) y escuchar lo que te cuenta. ¿Expresa satisfacción y alegría o al contrario tensión y terror? ¿Y qué puedes hacer tú si la segunda situación es la que ves? Puedes descubrir exactamente cuál es su pena, le puedes aconsejar (pero, cuidado, solo si él quiere esto, si quiere recibir tu consejo y si persigues su interés antes de todo y no tu propia paz) y le puedes apoyar anímicamente.

Siempre hay algo que se puede hacer. Todos anhelamos una vida perfecta, pero la vida es como es. Con lo bueno y lo malo. ¡Cerremos aquellas puertas que no llevan a ningún lugar y abramos aquellas que nos encaminan hacia una vida mejor!

El pensamiento y la actitud, así como los sentimientos que los acompañan, van de la mano. Y todos arrancan con una pizca de fe. Una pizca que con el paso del tiempo se torna irreconocible.

Pero a cuyo alrededor hemos tejido durante toda la vida nuestra telaraña.

Abre bien los ojos a lo que siembras en el alma de tu hijo por medio de las palabras, pero sobre todo, mediante tus acciones. Ellas son la verdadera medida que transmites a tu hijo.

Las elecciones

Cosechas lo que siembras.
(Refrán rumano)

La ruta que seguimos en la vida está marcada por las elecciones que hacemos. Cualquier elección nos puede abrir o cerrar un camino, nos puede ayudar a progresar o nos puede parar.

Las elecciones que hacemos son parte de nosotros y de nuestra rutina diaria. Son pedazos de nosotros y de nuestra personalidad. Y la manera en que realizamos una cosa u otra se ha insinuado con el tiempo en nuestras costumbres.

Todas las elecciones son importantes. Diría incluso que las aparentemente menores son las más significativas. Porque cuando debemos tomar una decisión mayor acostumbramos a analizarla más, y sopesamos todo lo que podría ayudarnos a tomar la decisión que más nos conviene. Por las elecciones menores pasamos libremente. Y sin embargo son ellas las que deciden la vida de cada día.

Cada momento de nuestra vida se basa en una elección. Escogemos ver la tele o leer, dar un paseo o ir en coche, salir con los amigos o quedarnos en casa, comer en un restaurante de comida rápida o cocinar, hacer un buen chiste o un comentario malicioso, llegar siempre tarde al trabajo o llegar a tiempo, buscar trabajo hasta hallarlo o darse por vencido después de los primeros tres intentos, etc.

Ninguna de estas elecciones es neutra. Cada una de ellas nos marca de una manera u otra. Lo que más nos ayuda es la consciencia de nuestras elecciones. Porque cualquier elección tiene una consecuencia, un resultado. Por más que nos influya la gente a nuestro alrededor, la sociedad, los problemas que tenemos, *ellas son nuestras elecciones*, y nos marcan la vida.

Nuestras elecciones no son neutras.

La manera en que tú, madre o padre, tomas las decisiones supone un modelo para tu hijo. Y este modelo, este patrón de conducta, puede colarse insidiosamente en su comportamiento.

Eres un modelo para tu hijo en todo lo que haces y desempeñas un papel importante en sus decisiones. Tú eres quien le guía, le encamina y le aconseja en las elecciones que hace.

Mediante las acciones que hacemos podemos crear la oportunidad de que pasen ciertas cosas o no. Abrimos o cerramos la puerta a los acontecimientos de nuestra vida.

Digamos que una persona está buscando trabajo.

De repente ve un anuncio en el periódico para un empleo en una compañía famosa. Si es una persona pesimista y no tiene confianza en lo que le puede traer la vida, pensará que no tiene ninguna oportunidad para conseguir dicho trabajo porque es una empresa demasiado grande y piensa que "se necesitan enchufes para llegar ahí". Y así él mismo se cierra esta puerta. Si es una persona positiva, puede considerar que no hay que dejar pasar ninguna oportunidad y que uno debe probar todo aquello que la vida le ofrece. Les confieso que este es un ejemplo real y que esa persona no se ha dejado escapar esa oportunidad. Y también les digo que logró obtener ese empleo.

Y esto solo es un ejemplo. Pero la vida nos lleva constantemente hacia tales situaciones. Y la mayoría de ellas son situaciones comunes de la vida.

Nuestras elecciones están sometidas a una ley natural, universalmente válida: se trata de la ley de causa y efecto y actúa para toda la gente de la misma manera, se refiere a las consecuencias por cada acción nuestra, por cada elección, trátese de un comportamiento o de tan solo un pensamiento.

Esta ley se suele expresar a través del refrán: "Cosechas lo que siembras".

Cualquier elección, cualquier acción nuestra tiene una consecuencia.

Se trata de una ley verdaderamente simple, que podemos observar y sentir constantemente en nuestra propia piel. Pero lo que hay que recordar en el contexto de nuestro tema es el hecho de que gran parte de estas semillas se siembran en la infancia. La vida que vivimos es el efecto, la consecuencia de las acciones y los pensamientos que resultaron de las creencias, los valores y los patrones de pensamiento adquiridos en la infancia.

He presenciado situaciones en las que los padres aconsejaron a sus hijos, mientras ellos aún se estaban formando, que valoraran para su propio beneficio cierta circunstancia, aunque ello significara la violación de los derechos e intereses de los demás. Aparentemente está bien. "Lo único que me importa es mi hijo", dicen ellos. Y, no obstante, no sabes cuánto daño le puede causar a tu hijo este principio y el actuar según él. Porque actuando solo en virtud de su interés, desencadenará la aparición de varias situaciones que, en realidad, no querrá para su vida. La distancia entre causa y efecto puede ser tan grande que ya no será capaz de ver dónde arrancó todo.

Hay que ser consciente del hecho de que lo que haces, lo que piensas y decides para tu vida, supone una gran responsabilidad sobre los hombros de cada uno. Resulta mucho más simple echar la culpa al destino en vez de pensar dónde podrías haber actuado de otra manera para que el resultado fuera diferente. Está claro que no podemos explicar absolutamente todo lo que ocurre en nuestras vidas, pero la mayoría de las cosas, si observamos con atención, se relacionan con lo que hicimos o pensamos en cierto momento.

Ayuda a tu hijo a que descubra esta responsabilidad y no te arrepentirás. Así le empujarás a que preste atención y que no le resulten indiferentes las elecciones que hace. Ayúdalo a descubrir la vida en todo su conjunto. Ayúdale a ver las cosas a largo plazo. A veces, lo que a corto plazo puede resultar doloroso, a largo plazo puede traer muchos beneficios.

4.
La disciplina

La suerte solo aparece ahí
donde hay disciplina.
(Refrán irlandés)

Todos nosotros, adultos y niños, amamos la libertad de hacer lo que queremos. No obstante, sin la existencia de ciertas reglas no podríamos convivir. Si las entendemos, aceptamos e interiorizamos, las reglas nos pueden simplificar la vida dentro de la sociedad.

Con respecto al cumplimiento de la vida social y sus reglas tengo una sola enmienda: cualquier regla hay que pasarla antes por el filtro de tu pensamiento y sentimiento. Porque además de aquellas reglas destinadas a facilitarnos la vida, hay también un montón de desvíos. No te agobies ni a ti ni a tu hijo con esas reglas de sobra que nada bueno conllevan.

Ello significa que si él no quiere, no hay que forzar a tu hijo a que haga ciertas cosas únicamente porque son del agrado de los adultos. Por ejemplo, obligarle a que recite el poema aprendido en el colegio ante los invitados sólo para demostrar su buena educación. Claro que resulta muy satisfactorio ver que nuestros hijos están acumulando información y pueden expresarla de una manera personal. Sin embargo, no es beneficioso para el niño forzarlo a que haga algo sólo para complacer a alguien.

Cualquier regla hay que pasarla antes por el filtro de tu pensamiento y sentimiento.

La disciplina es la costumbre de respetar determinadas reglas, la costumbre de tener un horario, de hacer un plan y de actuar de acuerdo con él para alcanzar las metas propuestas.

Por ejemplo, antes de un examen, sin una planificación del estudio y un esfuerzo de aprendizaje es poco probable que consigas aprobarlo. Además, elaborar dicha planificación y actuar según ella supone cierta disciplina y un esfuerzo de voluntad.

La educación implica disciplina. Desgraciadamente el término disciplina ha adquirido una connotación negativa. Al hablar de disciplina pensamos involuntariamente en cosas impuestas.

Es verdad que la sociedad nos impone las reglas según las cuales convivimos. Entendemos el sentido de algunas de ellas, de otras no, y podemos estar o no de acuerdo con ellas.

Sin embargo, cuando se trata de la educación de tu hijo resulta fundamental que la educación y la disciplina se hagan a través de la motivación y participación del niño.

La disciplina se hace a través de la motivación y participación del niño.

Para los niños es imprescindible la disciplina. Pero también necesitan unos límites fijados por sus padres. Porque los límites les ofrecen seguridad y les ayudan a integrarse mejor en la sociedad.

Si uno de los padres le permite a su hijo que haga absolutamente todo lo que quiere, es muy posible que interprete que no le importa a sus padres: "de no ser así, ¿por qué les trae sin cuidado?", podría pensar para sí.

Una libertad plena no le aporta ningún beneficio. En cambio, cuando respeta lo que su madre o padre le piden, y ella o él muestra su aprecio ante ello, el niño se siente valorado.

Aunque disfruta con tu permisividad, el niño es capaz de intuir lo que es bueno porque los niños tienen una sensibilidad especial. En general los niños tienen una gran intuición que aún no ha sido velada por demasiadas reglas de civilización. Y aunque afirmo que se necesitan reglas también digo que, en realidad, las reglas destruyen ciertas cualidades con las que nacemos.

La verdad es que ambas afirmaciones son reales. Dentro de la sociedad no podemos convivir en paz si no existen reglas que todos debemos respetar. De no ser por dichas reglas se establecería el caos. Imagínate qué pasaría si no existieran las reglas de circulación se crearía inmediatamente un atasco a consecuencia del cual la gente llegaría a las manos porque, ¿cómo podrías argumentar que uno debe pasar primero sin que exista una regla firme?

Por otra parte, las numerosas reglas que debemos cumplir, las muchas responsabilidades con las que nos colma la vida social, nos pueden borrar ciertas cualidades con las que nacemos. Y una de esas cualidades es la intuición.

Si cada vez que estás cerca de un niño prestaras un

poco de atención, te quedarías asombrado con respecto a cuántas verdades puede decir. Y de una manera muy simple.

Hace días escuché a un niño de solo 4 años que le preguntó a su madre: "¿por qué es Radu tan egoísta?", porque Radu no quiso de ninguna manera darle un caramelo. Y no preguntó por qué Radu es malo o cualquier otra cosa, sino por qué es egoísta. Para ese niño de 4 años resultaba muy claro que el hecho de no compartir con los demás lo que tienes es un acto de egoísmo. Un concepto que no es nada simple ni siquiera para nosotros los adultos.

Y he visto tantas veces cómo los adultos se esfuerzan en expresar las cosas de una manera velada, a veces incluso intentan evitar la verdad, pero el niño, con su enorme intuición, da directamente en el blanco. Tan simple como si fuese un juego, escuchas salir de su boca la más pura verdad.

Pero volviendo a la necesidad de disciplina, la existencia de unas reglas claras le ofrece al niño seguridad y el sentimiento de estar protegido. Pero vuelvo a repetir: reglas claras, firmes y constantes y en ningún caso absurdas.

La existencia de unas reglas claras le ofrece al niño un sentimiento de protección y de seguridad.

Toda nuestra vida estamos en una continua experimentación. Al comienzo de la vida, cuando apenas somos niños, esta experimentación es más acentuada. Porque todo es nuevo y hay que explorarlo. El niño no sabe qué puede pasar y qué peligros pueden surgir de la nada. Por eso las reglas le ofrecen seguridad. Él sabe que mientras respete lo que le dicen sus padres, nada malo le puede ocurrir.

Cuando el niño es pequeño está probando los límites dentro de los que puede actuar. A menudo ocurre que el niño diga o haga algo y luego observe con atención la reacción de sus padres. Porque a él también le parece anormal que sus padres le permitan jugar videojuegos a las 12 de la noche, pero si ellos están ocupados con los invitados y se muestran más permisivos por una noche, ¿por qué no?

Los niños se aprovechan de las debilidades de los padres, pero eso no implica que eso les ofrezca bienestar interior. Ya que se crea ese conflicto entre lo que saben o sienten que sería bueno hacer y lo que realmente están haciendo.

Y no solo los niños más pequeños necesitan límites, sino que también los necesitan los que son más mayores. He conocido a una adolescente que me contaba que sus padres confían completamente en ella y que le dijeron: "Dentro de estos límites puedes hacer lo que sea. El resto es asunto tuyo."

Sin embargo, ella me confiesa con voz desesperada: "Pero yo necesito más orientación." Y me daba a entender que estos límites, demasiado amplios en realidad, no le bastan como puntos de referencia en la vida. Que necesita una orientación más concreta, que le hacen falta consejos.

Y necesita ayuda para desenvolverse en el laberinto de las situaciones vitales.

Por supuesto, su situación es una de las más comunes en la sociedad actual cuando los padres están muy ocupados. A menudo nosotros los adultos también necesitamos a alguien que nos pueda aconsejar y guiar y que con su ayuda podríamos aclarar lo que tenemos que hacer. Y los niños y los adolescentes más aún.

¿Cómo nos ayuda la disciplina en la vida? El cumplimiento de ciertas reglas y mantener un determinado orden en nuestra vida nos hacen la existencia más fácil.

Las reglas nos facilitan la vida. Con la condición de aceptarlas e interiorizarlas.

Pensemos en una persona que se acostumbró a ser ordenada desde la infancia. Esta persona no perderá el tiempo buscando sus cosas, gozará de la comodidad de un ambiente placentero y no molestará a los demás miembros de su familia con su desorden. En el trabajo será valorada por ser ordenada, porque siempre sabe dónde está una carpeta o un documento, porque entrega trabajos cuidados, etc.

Una persona desordenada perderá mucho tiempo y energía en encontrar las cosas que jamás deja en su lugar, y será una verdadera pesadilla para aquellos con los que convive.

Estos ejemplos se relacionan con la disciplina de ser ordenado. Pero no quisiera que me malinterpreten. No estoy abogando por un orden perfecto. Al contrario, considero que dentro de una casa donde hay vida y alegría las cosas no pueden estar en fila como en el ejercito.

Generalmente cuando hablamos de disciplina pensamos igual en un niño obediente que en uno revoltoso. Pero la disciplina alude no solamente al hecho de obedecer a los padres sino, tal y como he dicho anteriormente, al hecho de adquirir unas costumbres que determinen que hagas las cosas en cierto modo. Lavarse los dientes por la mañana y por la noche, dejar las cosas en orden antes de ir a la cama en vez de tirarlas por todas partes depende de la disciplina. El hecho de destinar un número de horas al día al estudio, de hablar después de que el otro ha terminado de hacerlo, de estar acostumbrado a trabajar para obtener algo, etc., todo esto depende de la disciplina.

En lo que concierne a la disciplina, lo más importante es que el niño la interiorice, porque si no, difícilmente tendrá valor para él.

Pero cómo se transmite la disciplina resulta esencial. La verdad es que es un aspecto muy delicado, porque tú también eres un ser humano y tienes tus límites. Y el niño es un experto en probártelos.

La disciplina se hace con amor y firmeza. Si ya se lo has dicho alguna vez, cuando estés realmente furioso, haz todo lo posible para aplazar la conversación y dile algo como: "Hablaremos más tarde acerca de ello. Antes quiero calmarme."

Porque la ira indica que tú estás muy afectado. Una parte de ti se siente ofendida y, sin darte cuenta, tu concentración pasó del problema que tenías que resolver, la disciplina, al problema de la resolución de tu ego afectado por la desobediencia de tu hijo.

Y lo único que puede ocurrir bajo el imperio de la ira es ofenderlo y humillarlo, ¡y adiós lección de disciplina!

La disciplina se hace con amor y firmeza.

Para motivarle y ayudarle a que interiorice las reglas que quieres que aprenda, tú debes ser ante todo un modelo en dicho sentido. Porque no le puedes pedir algo que tú estás haciendo completamente al revés. No puedes pretender que coma sano si tú comes todos los días comida rápida.

Está bien que le digas por qué debe hacer las cosas de una manera u otra, pero también hay situaciones en las que el niño pequeño interpreta las explicaciones como una señal de debilidad. En ese momento, tras haberle aclarado los beneficios que tiene respetar una regla, tienes que mantenerte firme y cerrar la discusión.

El niño tiende siempre a transformar la relación contigo en una relación de fuerzas. Y se siente muy satisfecho cuando te domina. No resulta fácil, pero tú debes invertir esta relación. Pero no usando la fuerza sino con inteligencia y amor.

Si logras mantener la calma en una circunstancia difícil o consigues recuperarla fácilmente, notarás que las soluciones para aclarar el conflicto surgirán con más facilidad que cuando estás dominado por la ira.

Y la disciplina sin corregir el error cometido es casi imposible. Porque los niños pequeños no saben cuándo frenarse pues están constantemente bajo el imperio del "quiero", y justo por eso necesitan la disciplina.

Y lo más importante de un castigo es que sea proporcional al error cometido por el niño. Si sacó una mala nota y tú le prohíbes que salga a jugar con sus amigos durante un mes, su frustración será inmensa. Por dentro sentirá que no es justo lo que estás haciendo y perderá la confianza en ti. Y en tu capacidad de protegerlo.

No le castigues varias veces por el mismo error. Hay padres que imponen una larga lista de castigos para un mismo error que ni siquiera es muy grave: no usarás tus juguetes un mes entero, no puedes salir más, no puedes ver la tele y tampoco puedes usar el ordenador, etc.

Este tipo de castigos es aberrante y trastorna a tu hijo. En vez de sentirse protegido se siente amenazado.

El castigo aplicado de forma apropiada tiene un valor positivo pues atenúa el sentimiento de culpa del niño, porque él sabe siempre cuando comete errores. Pero necesita oírlo de ti, de un adulto. Porque siendo aún pequeño, no ha aprendido todavía a dominarse y te necesita a ti para que le enseñes cómo hacerlo. El castigo desvía el sentimiento de culpa del alma de tu hijo.

Pero no lo olvides: el castigo tiene que ser proporcional al error cometido, nunca aplicarlo sintiendo ira y debes mostrarle constantemente tu amor.

Porque tu amor representa para él ese apoyo que le ayuda a superar tanto los castigos como otros momentos difíciles del proceso educativo.

La disciplina prepara al niño para la vida, para sobrevivir dentro de la sociedad. Y si no aprendió a respetar las reglas de convivencia, la sociedad le enseñará su lección inmediatamente o, sencillamente, será rechazado.

El castigo tiene que ser proporcional al error cometido.

Si pronuncias la palabra "ejército", lo primero que se te pasa por la cabeza es la disciplina. Un orden y una disciplina sin los que ninguna batalla podría ser ganada.

Y este principio es válido también a nivel individual. Sin una fuerte disciplina no podemos alcanzar ninguna meta. Indistintamente de lo que queramos realizar en la vida, necesitamos un plan y la fuerza de llevarlo a cabo. Y esa fuerza resulta de un esfuerzo de voluntad y acción, lo que significa de nuevo disciplina.

El punto culminante del desarrollo positivo de las reglas impuestas lo representa la autodisciplina. La autodisciplina es la disciplina comprendida, interiorizada y asumida. La autodisciplina se basa en un imperioso deseo de realizar u obtener algo. Se fundamenta en ser consciente del hecho de que si deseas una cosa, debes hacer un esfuerzo ininterrumpido y planificado para obtenerla. Un esfuerzo caótico no trae ningún beneficio, sino más bien prejuicios. Como la desilusión de no haber obtenido lo que deseabas y, además, un cansancio inmenso sin haber obtenido ningún resultado.

La autodisciplina es la vía de la realización de tus sueños, de todas aquellas cosas que deseas en la vida. La autodisciplina significa rigurosidad, significa ser consciente de lo que deseas, tener un plan y actuar.

Es la expresión de la madurez de una persona, es el auge del desarrollo individual y, al mismo tiempo, es un recurso para ello.

La autodisciplina representa un elemento valioso de nuestra vida interior.

Y la disciplina adquirida mediante la educación es el punto de partida en dirección a la autodisciplina. Por eso la disciplina debe tener una meta patente, un sentido, una lógica. No hay que aplicarla solo porque tú eres el niño y debes hacer lo que yo, el adulto, digo. No tiene que acarrear una relación de fuerzas.

Sino que debe tener una lógica para el niño, porque únicamente si la entiende la puede asumir y sólo así se puede transformar en autodisciplina futura.

La disciplina se aprende. La disciplina se forma. No es algo con lo que nacemos. Tú, en calidad de madre o padre, eres el primero en ayudar a tu hijo a que recorra el camino desde la disciplina exterior, impuesta, hacia la disciplina interior, la que le ayudará a realizar todo lo que desea en la vida.

La disciplina se aprende.
La disciplina se forma.

5.
Los ingredientes
de una vida feliz

El perdón

La capacidad de perdonar es *nuestro más caudaloso manantial de quietud interior*. El perdón nos colma el alma de paz y de alegría, porque al poder perdonar las faltas más pequeñas o las más grandes, desaparecen las zozobras y congojas interiores. Prácticamente desaparece la fuente de muchas energías negativas. Y nuestras vivencias se serenan y recuperan la calma.

La capacidad de perdonar a los demás está fuertemente vinculada a la reconciliación con nosotros mismos. Y de nuestra autoaceptación tal y como somos. La paz interior y la alegría brotan de esa reconciliación con uno mismo.

La capacidad de perdonar es nuestro más caudaloso manantial de quietud interior.

La autoaceptación representa un punto alrededor del cual gravita toda nuestra vida, y se vincula directamente con la medida en que nos sentimos aceptados por nuestros padres.

Muchas veces los padres tienen su propia perspectiva sobre la trayectoria de su hijo. Sueñan con que este llegue a ser médico, economista o gerente, que gane mucho dinero, que tenga una familia e hijos, y que haga las cosas en cierto modo, del modo al que ellos le han ido acostumbrando.

Y muy a menudo, cuando le piden al niño que haga algo, pretenden que lo haga de una cierta manera, sin permitirle descubrir su propio modo de hacerlo. Y cuando el niño es pequeño le imponen cosas sin intentar obtener su participación o sin hacerle entender su necesidad recurren a un razonamiento del tipo: "es pequeño y tiene que obedecer."

La mayoría de las veces esto conlleva a que en el alma del niño brote ese sentimiento de no ser aceptado tal como es, con sus deseos y su personalidad.

Y es muy posible que dicho sentimiento no sea consciente, pero puede existir y abrir paso a otros sentimientos: el de no ser amado, que haya cosas más importantes que él, que sus propios deseos no importan mucho, que haya algo erróneo en su persona.

Puede experimentar sentimientos de culpa, lo que hará que muchas de sus acciones de niño o de adulto se encaminen en contra de sí mismo. Si recapacitamos un momento vamos a descubrir muchos de estos comportamientos que nos socavan la integridad física y psíquica: trabajar hasta la extenuación, alimentación malsana –sabemos que no nos hace bien y sin embargo seguimos comiendo alimentos que nos perjudican–, reposo insuficiente, la desconfianza de que merezcamos una vida mejor, etc.

Desagradable o bello, cada sentimiento conlleva otro semejante al que lo ha originado, pero la mayoría de las veces de mayor amplitud.

Los sentimientos son como un rollo. Brotan en nuestra alma y acarrean muchas otras vivencias.

Por ejemplo, si se insinúa en el alma del niño la idea de que hay algo erróneo en él, puede volverse más solitario, acomplejado y con una baja confianza en sí mismo. Y ello puede desencadenarle el odio y la ira en contra de los demás. Como adulto aprenderá a maquillar estas cosas, pero no dejarán de existir detrás de las convenciones sociales.

Y este es un pequeño ejemplo, porque las situaciones pueden ser innumerables. Lo importante es entender que hay conexiones invisibles que nos vinculan a la infancia y que las arrastraremos toda la vida.

La capacidad de perdonar mana de una actitud de apertura y amor frente a los demás, se une a nuestras creencias y vive escondida detrás de muchos de los sentimientos que experimentamos. Surge de la profundidad de nuestro ser, pero también está en relación directa con la actitud más o menos tolerante de los modelos de la familia.

Si animas a tu hijo a que desarrolle su propia personalidad y lo aceptas tal y como es, aunque no se parezca a ti, hay muchas posibilidades de que se convierta en una persona confiada, y de ahí brotarán muchas de sus vivencias: bienestar general, optimismo, tolerancia frente a los demás, la capacidad de superar los errores y de entender y perdonar a los que los causan.

Vuelvo a mencionar lo que he dicho al comienzo de este libro: el devenir de una persona es un proceso complejo. Cada rasgo de su personalidad resulta de la mezcla de varios ingredientes. Y todos estos ingredientes pasan por el filtro de la propia personalidad en vías de desarrollo. El resultado es una combinación que nadie puede controlar.

Todo lo que podemos hacer como padres es asegurarnos que los ingredientes que aportamos son sanos y buenos.

La actitud indulgente puede convertirse en un hábito. La costumbre de perdonar y de ser tolerante representa un gran triunfo en la vida de quien la manifiesta, porque genera sentimientos positivos, son el alimento de nuestra alma y un bálsamo para los que nos rodean.

Una actitud indulgente te ampara de frustraciones, iras y de todas sus consecuencias.

La capacidad de perdonar implica un profundo entendimiento de la naturaleza humana.

Una actitud indulgente te ampara de frustraciones, iras y de todas sus consecuencias.

Es posible pensar que si perdonas a todo el mundo entonces todos te pisotearán. El hecho de perdonar a alguien que comete un error, no significa tener una actitud pasiva ante dicha persona. Le puedes comunicar clara y abiertamente lo que piensas, lo que te ha molestado y cuáles son los límites que ha transgredido. Si la situación es grave, le puedes decir asimismo qué ocurrirá si vuelve a pasar lo mismo.

La clave reside en hacerlo sin ofender, pero con sinceridad y firmeza. No confundas el perdón con tus intervenciones para aclarar la situación y para asegurarte de que no se vuelva a repetir. Antes de nada, el perdón es un proceso interior profundo, que implica que toda la carga emocional negativa, vinculada a la persona que se equivocó frente a ti, desaparezca.

Unos padres tiernos no pueden criar a un niño iracundo, porque el niño observa las manifestaciones de los padres, crece rodeado de ellas y luego las asimila.

Si el padre o la madre muestra una actitud comprensiva y es indulgente con alguien que se equivoca, el niño se acostumbrará a esta actitud. La actitud indulgente no implica la falta de la firmeza, sino todo lo contrario. Al que perdona le resulta muy claro por qué lo hace y manifestará la seguridad del que es consciente de sus actos.

Si tú amas a los animales y lo muestras, seguramente tu hijo no estará entre aquellos que tiran piedras a los perros.

El niño ve que acaricias a los perros cada vez que ves a uno, se da cuenta que te preocupes por ellos y que les das de comer cuando puedes, aunque sean perros vagabundos. Él escucha tu tono cuando les hablas y se siente envuelto en esta ternura que mana de tu alma. Y él a su vez hará las cosas de la misma manera.

No te asustes si de vez en cuando tu hijo, mientras aún es pequeño, tira del rabo a algún perro. Es una actitud pasajera. Solo está probando los límites para ver qué ocurre. Definitorio será el adulto por venir.

Si muestras benevolencia frente a la gente, si no te enfadas cada vez que alguien hace las cosas distintas de lo que tú quisieras, si no guardas rencor a alguien que intentó ofenderte, entonces tú hijo manifestará la misma conducta en la vida.

El perdón nos ayuda a superar los sentimientos de culpa que se muestran dentro de nuestra alma. El perdón nos alisa el camino que seguimos. Y si nuestra alma está sosegada, podremos gozar de las cosas bellas de la vida, podremos ser más eficientes en todo lo que realizamos, porque nuestra energía no se dejará absorber por las vivencias negativas (aflicción, ira, etc.) y podremos usarla al máximo en propósitos beneficiosos tanto para nuestras vidas como para las vidas de los demás.

El perdón es uno de los ingredientes de la felicidad de tu hijo. Su manifestación permanente lo puede volver en una costumbre que abrigará el alma de tu hijo. Su ausencia significa la presencia de unas vivencias que nadie desea, pero no sabe cómo hacer para apartarlas. Careciendo de una actitud indulgente, tu hijo se dejará colmar por todas aquellas aflicciones y emociones negativas, generadas por los eventos que podrían ser superados con amor y comprensión, sin amargarse la vida, aunque se haya roto un florero, aunque su amigo se haya burlado de él o cuando ha perdido una importante suma de dinero Todas estas situaciones pierden su significado ante las cosas más importantes: la vida misma y la alegría de vivirla.

El perdón es uno de los ingredientes de la felicidad de tu hijo.

Casi todas nuestras manifestaciones se convierten en costumbres y el perdón no es una excepción. Depende de nosotros qué costumbres queremos desarrollar y transmitir.

Cuando son pequeños, los niños actúan como esponjas. Absorben todo lo que hay a su alrededor. Y cuando están creciendo, intentan cortar estas conexiones invisibles que los vinculan a la infancia, y más aún cuando estas uniones no les aportan alegría. Pero jamás lograrán eliminarlas del todo. Y todo aquello que conseguirán cambiar, lo harán con un desperdicio de energía. Por algo que desde el principio podía haber sido beneficioso para su vida.

El amor incondicional

El amor es aquello a lo que todos aspiramos. Una palabra que está en boca de todos.

El amor, antes que nada, existe como sentimiento para que luego cobre distintas manifestaciones en nuestra conducta.

Su existencia es como una bola de fuego, como una fuente inmensa de ardor en la que el alma de tu hijo se calienta. Y esta fuente se conservará durante toda su vida, incluso cuando tú ya no existas.

Y nada es tan fuerte como este sentimiento en nuestra vida. Todos nosotros, niños y adultos, necesitamos su calor, sus rayos sutiles. Y el sentimiento de ser amados por los padres nos asegura el equilibrio emocional. Es ese punto en donde nuestra vida encuentra su equilibrio.

"Algunas personas son como un cubo agujereado", afirma un entrenador de análisis transaccional, por más que reciban lo que quieren, el amor que andan buscando, ellos están permanentemente frustrados, porque a través de ese agujero se pierde todo aquello que reciben. Jamás podrán tener el amor y el cariño que anhelan y que desean ardorosamente.

Y ese agujero del cubo representa la ausencia del sentimiento de ser querido. Si alguien creció con el sentimiento de que sus padres no lo quieren, fácilmente puede extrapolar dicho sentimiento a uno que le diga que no merece ser querido, que no es digno de ello. Y como adulto, el hecho de querer ser amado entrará en contradicción con el otro de que no lo merece, el sentimiento cabalmente escondido en el subconsciente, y de esta manera todo lo que reciba desde el punto de vista afectivo se escurrirá lejos de él.

La capacidad de discernimiento de un niño pequeño es limitada. El niño tiene la tendencia a atribuirse las cosas que ocurren a su alrededor. Si los padres discuten o se divorcian, puede llegar a pensar que ocurre por su culpa. Si los padres están ocupados (y en la sociedad actual están verdaderamente ocupados) e inmersos en los quehaceres diarios, él puede pensar que no merece su cariño. El niño pequeño no puede ver el mundo en todo su conjunto. Lo relaciona con todo aquello que le está ocurriendo a él. Por lo tanto, por muy ocupados o muy agobiados que estemos por los problemas existenciales, es fundamental que le aseguremos al niño el apoyo afectivo que necesita.

El amor no entra en contradicción con la disciplina. Hasta puedo afirmar que si van mano a mano, el resultado será destacable. El niño necesita al mismo tiempo la disciplina y el amor.

La disciplina implica un acondicionamiento: "si acabas los deberes puedes salir a jugar", "si te comportas bien durante la visita, te compro un helado", o "si sacas buenas notas este curso, te compraremos una bicicleta".

Indiferentemente al grado de condicionamiento de su conducta mediante recompensas o castigos, el niño necesita sentir que lo quieres incondicionalmente, sea más o menos listo, más revoltoso o tranquilo, más tímido o más atrevido. Tu amor por él no es negociable. En cada momento de su vida debe sentir que lo quieres. Ello le ofrece seguridad emocional y la fuerza de seguir adelante, más allá de los castigos que debe cumplir.

El amor por tu hijo no es negociable.

Y el amor se manifiesta en todo lo que hacemos. Hasta cuando lo regañamos o cuando estamos enfadados. Se manifiesta a través de nuestro comportamiento, a través del tono en el que le hablamos, de la expresión que tenemos, especialmente la de los ojos. Y se puede manifestar incluso mediante nuestra simple presencia. Tu presencia a su lado cuando está triste puede ser el apoyo que necesita para superar ese obstáculo.

Hay momentos en los que las palabras no ayudan. Ciertas situaciones pueden ser tan tensas que la única manera de ayudarle es estar presente, mostrándole que entiendes su sufrimiento y que estás a su lado. Eso le bastará. Claro, cuando el momento crítico empieza a disiparse, puedes tener una charla con él que seguro puede ayudarle.

Hasta el tiempo que pasas a su lado es una prueba de amor. Escucharle y ofrecerle la posibilidad de expresarse es también una manifestación de amor.

Las palabras. Son un vehículo importante de nuestros sentimientos y de la energía asociada a estos. Esto ha sido demostrado por Masaru Emoto quien, a través de experiencias repetidas, ha llegado a la conclusión de que el agua cambia su estructura y su calidad a consecuencia de su exposición a distintas palabras. Cuando se hiela el agua, las palabras positivas, con carga energética benéfica como "gracias", "amor", "reconocimiento", forman cristales equilibrados y bien perfilados, mientras que las palabras de carga negativa, como "idiota" o "no está bien", da lugar a cristales deformados y fracturados.

Y puesto que nuestros cuerpos están formados de aproximadamente por un 70% agua, las palabras que estamos usando nos influyen.

Las palabras tienen un efecto enorme en nosotros y en las personas que nos rodean. Elimina las palabras de carga negativa cuando hablas con tu hijo, y verás que una voz cálida y las palabras positivas pueden hacer milagros.

Evita esas frases que contienen negaciones del tipo: "¿no quieres comer?", como si lo invitaras a que diga "no", puedes decirle: "¿quieres comer?" o "¿qué quieres comer?".

Debido a una costumbre generalizada recurrimos a menudo a expresiones del tipo: "¿No quieres salir a jugar?", "¿No vienen tus compañeros?", etc. Sin embargo, formularlas de una manera positiva es beneficioso, por una parte debido a las palabras usadas y, por otra, porque no inducen una respuesta y la posibilidad de elegir la respuesta queda libre.

Elimina aquellas palabras de carga negativa cuando hablas con tu hijo.

Las palabras, junto con nuestra conducta, el tono en que hablamos, la expresión que tenemos y, sobre todo, nuestros pensamientos, representan manifestaciones de los sentimientos que vamos experimentando. A través de todas estas manifestaciones, el niño siente lo que tú le estás transmitiendo. En vano le dices que le quieres si a veces le llamas idiota, si le miras con rencor cuando te enfadas, o si no le dejas hablar cuando tiene algo que decir. Él sentirá el verdadero mensaje más allá de las palabras.

Ninguna otra cosa de todo aquello que le puedes ofrecer tendrá nunca el mismo valor que tu amor incondicional. Es una joya que siempre llevará dentro de su alma.

**El amor incondicional
que ofreces a tu hijo
le compañará a lo largo de su vida.**

La oración

Puede parecer extraño, pero muchos padres experimentan estados de cólera en contra de sus hijos. Y hay situaciones en las que incluso llegan a insultarles. Las razones puedes ser varias: no les obedecen y eso les hace sentir que están perdiendo el control, temen que su imagen esté perjudicada ante los conocidos o los amigos, experimentan un sentimiento de inferioridad en una situación en la que no saben cómo actuar con su hijo, etc. No voy a ahondar en estas razones, estas causas que tienen que ver más con las vivencias subjetivas de los padres que con la situación en sí.

Lo que más importa es que dichas manifestaciones existen y que ellas pueden perjudicar terriblemente al niño, sea este más mayor o más pequeño. Entre padres e hijos hay una fuerte conexión emocional, un fuerte lazo energético. Las palabras, así como los pensamientos de los padres acerca de los hijos, dejan una sólida huella en ellos. Y dicha huella se asimila en un nivel muy sutil.

Un enfado constante del padre o de la madre con el propio hijo le puede herir enormemente. Todos los pensamientos, sean buenos o malos, que alguien manifiesta en relación con nosotros, nos afectan. Y cuando se trata de la relación padres-hijos, esa huella es aún más impactante debido a la fuerte unión que hay entre ellos.

La otra cara de esta moneda la representa el pensamiento positivo, la oración simple y que sale del corazón de un padre o madre a su hijo. Es la manera más simple pero más útil, en la que puedes ayudar a tu hijo.

Rezar por él puede ser la base para el comienzo de cada día. No pienses que estoy sugiriendo que leas libros de rezos. La oración *sencilla, clara y concisa*, tal y como lo sientes dentro de tu corazón por tu hijo, puede tener un efecto mayor que todas las oraciones aprendidas.

La oración le protege a él y te ayuda a ti a librarte de los sustos y miedos que todo padre o madre siente. La oración une sus energías y puede tejer un lazo que en el plano real, el de la comunicación verbal, puede ser interrumpido.

Respecto a las oraciones tengo que decir algunas cosas.

1. Es muy importante *cómo rezas.*

Si tienes toda una lista de cosas que quieres para tu vida o para la vida de tu hijo, tienes que elegir. Si tu oración se parece a esa lista interminable que llevas al mercado, la probabilidad de que se cumplan es muy reducida. Una larga lista de deseos prueba, por una parte, que no eres capaz de establecer tus prioridades y te induce un malestar que puede ser o no consciente, por otra parte, a demasiados deseos se les aplica el refrán "El que caza dos conejos no caza ninguno". Debes saber que tu energía es limitada. Si la inviertes en cuatro deseos, a cada uno le corresponderá una parte mínima de dicha energía. Pero si eliges lo más importante para ti, eso se beneficiará de toda tu energía que no necesitará dividirse.

Debes tener muy *claro* aquello que más deseas, para ti o para tu hijo, y debes expresarlo lo más sencillamente posible. Lo complicado jamás ayudó a nadie y solo sirve para aplazar las cosas. En vez de crear toda una letanía llena de deseos para tu hijo, es mejor que digas en palabras simples lo que quieres para él. Y así llegamos a la tercera cualidad de una oración: que sea *concisa*.

Si estás acostumbrado a las oraciones de los libros eclesiásticos, intenta usar una vez una *oración sencilla, clara y concisa* y sentirás su fuerza.

2. Es muy importante *sentir* aquello por lo que rezas.

Si tu oración es solo mental, intelectual, no es suficiente. Tienes que vibrar con tu deseo, debes ser el deseo mismo y sentir su realización. Si logras esto, sentirás totalmente la bendición de Dios.

3. Tener *fe*. Esto significa estar convencido de que

Dios está a tu lado y te escucha. Y que hallarás una vía para que te ayude. A lo mejor no va a ser la vía que tú estabas esperando, pero seguramente será una valiosa. Por eso, si sientes hasta en tus entrañas esta fe, puedes pronunciar la oración como a un agradecimiento: "Gracias Dios por cuidar a mi hijo".

Es importante cómo rezas por tu hijo, lo que sientes al hacerlo y la fe que tienes.

Claro, muchas cosas se pueden añadir con respecto a la oración. Que no debes rezar por algo que conlleva perjuicios a otra persona. Que es posible que la cosa por la que estés rezando no se realice nunca porque te haría más mal que bien.

La oración es un pensamiento puro. Es amor. Es consuelo. La podemos usar en caso de necesidad o la podemos integrar dentro de nuestro ser. Si hemos adquirido muchas costumbres que no nos benefician, ¿por qué rechazar una costumbre que nos puede embellecer la vida? No necesitas tiempo para rezar, sino solamente encauzar tus pensamientos en una dirección determinada. Sé que no resulta muy fácil. Con tantos pensamientos que pululan por nuestras cabezas y nos quitan la energía. Pero a través de la oración puedes fusionar todos tus pensamientos y gozar de la paz que acarrean, y puedes crear un círculo de energía benéfica en cuyo centro estáis tú y tu hijo.

Tienes que vibrar con tu deseo, debes ser el deseo mismo, sentir su realización.

Los valores

La gente necesita valores, porque sin ellos estaría al mismo nivel que un animal. Y lo que genera esta necesidad es la conciencia de uno mismo, sin la cual el hombre no podría distinguir lo bueno de lo malo. Los valores son los que nos embellecen la vida, los que nos ayudan a definir nuestra identidad y a cobrar estima de uno mismo.

Cuando somos pequeños tomamos los valores de nuestros padres. Porque son ellos los que están más cerca de nosotros, su mundo es nuestro universo, del que absorbemos todo en el intento de definir nuestra personalidad en relación a él. Cuando eres niño, el universo de los padres es el punto de referencia moral y estético con el que te vinculas. Y muchos de los valores que te circundaron durante la infancia se infiltran hondamente en tu personalidad y determinan la dirección de muchas acciones durante tu vida.

Los valores que llevamos dentro de nosotros y en los que fundamos nuestra existencia no nos son indiferentes. Y tampoco son neutros, porque influyen en todo lo que hacemos, la manera en que pensamos y en nuestros sentimientos. Podríamos decir que el camino hacia la felicidad está sembrado de nuestros valores.

Los valores se transmiten de generación en generación, y nos alumbran la vida independientemente de la edad que tengamos. La ausencia de valores significa la carencia de un punto de equilibrio y apoyo en la búsqueda de la identidad, significa una vida de desasosiegos y decepciones. Sin ellos el ser humano no podría florecer y tampoco sería capaz de alcanzar su potencial. Son valores sin los cuales el hombre no podría vivir con dignidad y estima de sí mismo.

Los valores de los que quiero hablar están enfocados desde la perspectiva del beneficio individual y no del colectivo. El bienestar colectivo viene solo cuando cada individuo es feliz.

1. La sencillez. Representa un valor que yo, personalmente, valoro y precio muchísimo. Si la gente se librara de la carga de lo inútil, empezando por los bienes materiales inservibles, amontonados como consecuencia de una adicción psicológica y no por su utilidad, y dejara de preocuparse por las cosas nimias de su propia existencia, vería la vida bajo otra perspectiva.

Muchas de las cosas ocasionadas por el motor de una sociedad consumista nos agobian inútilmente. Tanta fachada nos tapa la vista de lo esencial y nuestra vida se vuelve más difícil cada día, a medida que van apareciendo nuevos productos en el mercado, cada vez más modernos, que nos llevan a desearlos y que no siempre necesitamos, pero por los cuales estamos dispuestos a sacrificar lo más importante que tenemos: el tiempo de nuestra vida.

Vivimos a todo correr, olvidándonos de gozar de las cosas menudas, simples, que constituyen, de hecho, la esencia de una vida plena.

Disfruta con tu hijo de un paseo al aire libre, inspira junto con él el aire de la primavera, admira con él las estrellas del cielo, vive la alegría de estar con él; estos serán los momentos tiernos que le llenarán el alma, los que recordará más tarde y que volverá a revivir constantemente.

Y puedes hacer mucho a favor de las alegrías más simples. Puedes renunciar a comprar una segunda televisión para ir de excursión a la montaña; puedes renunciar a una cena fastuosa a favor de una sencilla pero llena de alegría. Si en una mesa que rebosa de delicias, la atención cae solo en los tipos de comida que se están probando, entonces en una mesa simple podemos concentrarnos en la alegría de estar juntos y cenar.

Al hablar de sencillez me refiero a una vida moderada en el marco de una sociedad predispuesta a un consumo mucho mayor que sus necesidades y no a la pobreza. Resulta difícil gozar de una cena simple cuando vives en la pobreza. Yo estoy hablando de la sencillez como estado de equilibrio, como rechazo a una abundancia excesiva, frente a la moderación como amor a una vida sana y placentera.

La sencillez nos aproxima a la esencia de la vida y su alegría. Una comunicación simple y directa alcanza su meta mejor que cualquier otra manera de expresarse complicada y rimbombante. La verdadera comunicación implica que tu mensaje llegue y sea comprendido por aquel que lo recibe.

Hay muchos niños quienes relacionan la Navidad con regalos, o que asocian esta fiesta a un banquete grandioso. En realidad no solamente los niños sino también los adultos entienden la Navidad como a una fiesta y una ocasión de atiborrarse. No rechazo el sabor de la comida preparada en casa, pero sí que se pierdan los aspectos espirituales esenciales de esta fiesta: la comunión con los demás, el perdón, porque todos erramos en algo, y compartir la alegría de estar y hacer cosas conjuntamente. El gran regocijo viene de la participación e implicación de todos, adultos y niños, en la preparación de la fiesta. En muchos hogares este evento se ha convertido en un trabajo forzado para el ama de casa, principalmente porque ya no nos sentimos "iguales al resto del mundo" si ponemos en la mesa solamente dos o tres platos. La tendencia es la de colmar la mesa con "todo", la ocasión de enorgullecerse por "tener algo que poner en la mesa" y porque "no nos hace falta nada". Paulatinamente se pierden las vivencias espirituales, y los excesos culinarios se pagan con kilos de más, malestar y hasta con la salud perjudicada.

Si vive contigo las alegrías simples, tu hijo jamás podrá repasarlas sin sentir de nuevo su escalofrío. No podrá ignorarlas, y de esas vivencias él sacará la fuerza para seguir adelante.

2. La honestidad. La honestidad empieza contigo mismo. Nadie puede ser honesto con los demás si antes no es honesto consigo mismo.

Ser honesto significa usar la misma medida al juzgarte a ti mismo como a los demás. Significa desprenderse del propio interés y ubicarse más allá de él.

En primer término, la honestidad conlleva bienestar interior, equilibrio y paz en el alma. En segundo lugar, todos los hombres, indistintamente de sus peculiaridades, quieren que los demás sean justos con ellos. Desean relaciones correctas y, sobre todo, una relación de pareja honesta y un hijo que diga la verdad, pero la pregunta es: ¿es posible que te traten correctamente si tú mismo no eres una persona justa?

Hace años asistí a una escena en la que una madre joven animaba a su hija, casi adolescente, a aprovechar económicamente sus relaciones con los hombres, es decir, que debería salir con ellos para divertirse con su dinero y luego abandonarles. Entonces me pregunté qué expectativas iba a tener esa joven de su pareja en el futuro. Probablemente querrá ser tratada correctamente, mientras que la lista de sus acciones carentes de buenas intenciones se borrará de su mente gracias a todas las justificaciones que todos encontramos cuando se trata de nuestra propia conducta.

Entonces cuando pretendas de los demás honestidad, mira bien dentro de tu alma para ver si tú ofreces aquello que esperas de los demás.

No puedes desear una vida bella y al mismo tiempo fundarla en mentiras y apariencias. Porque la vida no funciona así. La vida tiene sus leyes inmutables y, por más que quieras, no eres tú quien las hace. Tú solamente eres quien soporta su acción.

Los padres tienden a situar el bienestar de su hijo más allá del bienestar de los demás. Pero el bienestar de tu hijo puede ser separado del de los demás solo aparentemente. Si tú, con o sin intención, le guías como padre o madre hacia un beneficio propio pero en detrimento de los demás, le encaminas hacia una ruta en la que jamás podrá ser verdaderamente feliz. Porque aquella relación en la que yo gano y tú pierdes no representa más que una falsa ganancia. Si concretamos el tema para referirnos estrictamente a la relación de pareja, porque la mayoría de la gente busca en ella su felicidad, piensa bien si has visto a una persona feliz al lado de otra infeliz.

La honestidad es la base de la pirámide de valores, y aunque desees los demás valores, si la base tiene grietas, todo se estremecerá de vez en cuando y volverá a arreglarse hasta que estés dispuesto a reconocerte a ti mismo la verdad.

El niño aprende de sus padres a ser correcto y tener buena voluntad. Porque sus padres son sus primeros modelos. Claro, más tarde vienen los modelos de la escuela, de la vida, del grupo de amigos. Pero hay una base sólida en la que se asientan todas estas cosas y esta es la base que tú le provees.

3. La compasión. Es el sentimiento más bello y complejo que puede dar calor al alma de una persona. Y la complejidad reside en la compresión del otro, de la situación en la que este se encuentra y de sus vivencias, en la sinceridad sin la que no puedes vivir este sentimiento, en el amor y también en el gesto de ternura propiamente dicho.

Ese gesto puede ser una caricia, una acción caritativa o una palabra bonita. Cualquier cosa que le muestre al que sufre que no está solo.

La compasión vivida y manifestada sinceramente es como una llama que calienta el alma, una llama que no arde, sino que te protege de las cosas negativas de tu vida. Por muy enojado que estés, tener un acto de compasión te equilibra anímicamente. En el momento que regalas algo con toda el alma, la frontera entre tú y el otro desaparece, tú sientes el sufrimiento del otro y, al mismo tiempo, sientes el efecto de tu amor ante el prójimo en ese bienestar que calienta tu alma.

Hay personas en cuya presencia te sientes genial porque ves en sus ojos que te comprenden, que entienden tu sufrimiento. Y eso te resulta suficiente.

La compasión es un sentimiento, pero también un valor en sí que viene de nuestro interior, pero que necesita ser sembrado y cuidado. La educación de los padres y la educación recibida en la escuela son fundamentales para el arraigo de dichos valores.

Cuando estaba en primaria, nuestra maestra inició una acción de apoyo para una anciana que vivía cerca de la escuela, sola y con escasos recursos. Cada niño traía de su casa lo que tenía al alcance: azúcar, aceite, harina y cualquier cosa era bienvenida. Dicha acción se repitió varias veces. Siendo niña no entendía lo importante que resultaba esta ayuda para la anciana, y hasta sentía una ligera incomodidad al notar el olor fétido y rancio de su casa. No obstante esa acción tuvo un eco tan fuerte con el paso de los años que estoy segura que fue una de aquellas semillas de las que brotó el sentimiento de la compasión.

Y muchos eventos de mi infancia tuvieron la misma influencia. Si pienso en mi pasión por la jardinería y todo lo que significa naturaleza, y vuelvo la mirada años atrás, veo todas esas acciones que me han inspirado: mi tía ya mayor, con la que vivía en el mismo patio y que cuidaba su jardín desde la mañana hasta la tarde, y cuyas flores y olores deleitaban mis sentidos todos los días; el árbol plantado en el patio de la escuela como parte de una acción de cuidado de la naturaleza; la alegría de mi padre cuando llegábamos a nuestro jardín, un lugar donde me sentía como en el cielo…

Y en aquel entonces no sospechaba que esa tía, cargada de hombros por el trabajo, y su jardín iban a influir tanto en mi persona. Pero ahora, si cierro los ojos, veo el lugar de cada flor de su jardín y eso me hace entender cuánto significó para mí.

La infancia es como la tierra fértil en primavera. Uno planta y planta y solo después de cosechar sabe si las semillas eran buenas, si se armonizaron con la tierra, si han tenido suficiente sol y agua.

El sentimiento de la compasión se cultiva. El niño ve cómo sus padres cuidan al abuelo anciano y enfermo, cómo cuidan al perro de la calle y lo llevan al refugio, cómo le tienden la mano al vecino necesitado, o cómo le dirigen una palabra de consuelo al compañero de trabajo. El niño interioriza estas conductas y vivencias y, cuando llegue el momento oportuno, las manifestará.

Claro que para que este sentimiento florezca en el alma del niño es muy importante que los padres procedan así de manera permanente y no sólo en ocasiones.

Debido a sus efectos, la compasión es también un valor beneficioso para la sociedad, pero a nivel individual el beneficio es aún más grande porque es el individuo quien goza de esta vivencia.

A lo largo del tiempo, he notado reacción de rechazo de este sentimiento en muchas personas que estaban tristes: "¡no quiero que sientas compasión por mí!", y hay algunas cosas que decir con respecto a ello.

Si ayudas a alguien empujado por un sentimiento de arrogancia, y desde la altura de tu situación te dignas a echar la mirada hacia la persona necesitada, eso ya deja de ser compasión.

Además, mucha gente rechaza la ayuda por orgullo lo que es una actitud verdaderamente necia. Necesitar ayuda, poder recibirla pero rechazarla porque tu ego te lo impide, porque por dentro piensas que si te dejas ayudar eso significa que eres inferior al otro.

La ayuda es algo normal, tanto al dar como al recibirla. Y el orgullo no debería tener nada que ver con ello, por no añadir que el orgullo es ilógico en todos los casos.

Cuando estás en aprietos o tienes una necesidad resulta estupendo ver que alguien te ayuda sin tener ningún interés, sino que lo hace simplemente porque entiende tu necesidad.

4. El respeto hacia uno mismo. Con cada cosa que le impones a tu hijo, solo porque él es el pequeño o porque en ese momento tú eres el más fuerte, le estás mellando el respeto en sí mismo. Manifiestas falta de respeto hacia su ser y su capacidad de discernir si le educas a través de la fuerza y la obligación. En nuestra sociedad este tipo de educación resulta muy común para los padres.

El niño aprende el respeto por sí mismo a través de la actitud que sus padres tienen frente a él. Ellos son sus puntos de referencia iniciales.

El respeto hacia uno mismo es una pieza importante en la evolución de la personalidad del niño. Dependiendo de la dosis de este respeto se formarán también otros rasgos de personalidad, y el niño, el adulto venidero, será impulsado para actuar en una dirección u otra. En función del respeto por sí mismo se desarrollará también la confianza en su capacidad de realizar las cosas que quiere, de tener el trabajo que le gusta, tener una relación bella y duradera, etc.

Nuestra vida entera gravita alrededor del respeto a nosotros mismos: la paz interior, la confianza en que podemos realizar ciertas cosas, la visión más optimista o más pesimista de la vida.

El respeto a uno mismo es una guía en nuestra ruta espiritual y material. Es el punto central alrededor del cual tejemos vida. Ahí reside también la creencia de que merecemos o no ser felices. Claro que sigue evolucionando a lo largo de nuestra vida en función de nuestras acciones y sus resultados. Y su punto de partida está en la actitud que los padres tienen ante nosotros, justo al comienzo de la vida. Es entonces cuando se forma esta columna vertebral que será capaz de sostener o no la musculatura del porvenir.

La confianza que los padres muestran en nuestra capacidad de comprender y hacer las cosas, la forma de corregirnos los errores o de determinarnos hacer aquellas cosas que ellos consideran buenas, representa el punto de partida del respeto a nosotros mismos.

La falta de respeto a uno mismo puede llevar a acciones autodestructivas, complejos de inferioridad, desconfianza en la propia persona, o a una manera de pensar ancorada en una ruta negativista.

Y resulta muy difícil creer que alguien que no se respeta a sí mismo podría respetar a otra persona. El respeto por los demás, así como el amor por ellos, es el espejo del respeto a uno mismo. Cuanto más fuerte y sano es el respeto a uno mismo, más amplia se torna la capacidad de respetar a los demás.

Seguramente te sientes tentado a pensar en las situaciones en las cuales no puedes comunicar con tu hijo pequeño y, en menor o mayor grado, debes imponerle determinadas cosas como, por ejemplo, la hora de ir a la cama. Y vuelvo ahora a lo dicho en el capítulo de la disciplina. Puedes convencer al niño a que haga lo que quieres de distintas maneras. Después de haberle ampliado una hora el tiempo de jugar, le puedes agarrar de la mano y empujarlo a la cama entre gritos "basta, no puedo más. Hasta aquí. Ahora te vas a la cama." Y toda esta acción se torna un trauma para los dos. O le puedes decir firmemente, en el momento en el que decides dejarle jugar una hora más: "te permito que juegues una hora más. Luego vamos a la cama."

El simple hecho de mostrar comprensión es muy importante para tu hijo. Incluso solo cinco minutos más añadidos a su tiempo de juego le pueden hacer feliz. Y el hecho de que te vas con él a dormir, de que participas de una cosa impuesta, le ayuda a superar el momento crítico. Si lo hacemos sin piedad, sin tener en cuenta sus deseos, si nos imponemos solamente porque somos los adultos, los mayores y él es el niño cuyo deber reside solo en obedecer, entonces resulta un trauma y disminuye dramáticamente el respeto a uno mismo.

Este es nada más que un ejemplo. Las situaciones en las cuales los padres imponen sus puntos de vista son innumerables. Porque somos propensos a decidir qué es lo bueno para ellos y a imponer nuestro punto de vista. A veces algunos padres lo siguen haciendo cuando el niño es ya un adulto. Recorren a un chantaje psicológico y moral clásico: "¡si te casas con X, cortamos las relaciones!". Y ninguna barbaridad es más terrible que la de forzar a tu hijo a que haga semejante elección. La elección entre lo que te debe a ti por haberle criado, y su felicidad tal y como se le revela a él en ese momento.

5. La tolerancia. Sobre tolerancia hemos hablado con más detalle en el capítulo del perdón. No volveré a mencionar lo anteriormente dicho, pero tampoco quiero pasar por alto este gran valor humano, entre aquellos valores que hay que cultivar sobre todo para el beneficio individual y luego, para el social.

La tolerancia es una medida del amor, de la entrega, de la comprensión de la humanidad que vive dentro de nosotros. La tolerancia muestra nuestra comprensión de que la gente es diferente; piensa, percibe y actúa de manera distinta, sin que signifique que lo que nosotros o los demás están pensando sea erróneo. La tolerancia es una sonrisa grande, interior, con la que disfrutas de la gente tal y como es, con sus cosas buenas y sus cosas malas.

Al cultivar este valor en tu hijo, le regalas el goce por la vida, la alegría de poder probar todo aquello que la vida tiene de bello y se lo puede ofrecer.

La tolerancia es una sonrisa grande, interior, con la que disfrutas de la gente tal y como es.

6. El amor. El amor no significa solamente el amor hacia los padres, hacia el hijo, la pareja o todo aquello que se relaciona directamente con nosotros. El amor es un estado del alma. Aquel estado en el que nos sentimos puros, intangibles, iluminados por la gracia divina. Este estado en el que ya no necesitamos nada más desde fuera, sino únicamente abrigar esa luz que nos inunda el alma. En este estado de gracia nos sentimos equilibrados espiritualmente, fuertes gracias a la fuerza interior y buenos, capaces de ofrecer a los demás nuestra riqueza.

Criar a tu hijo en ese espíritu del amor significa encender la llama que le iluminará la vida entera. Cualquier gesto de amor y entrega que haga ante otra persona, tendrá un efecto reduplicado en sí mismo, irradiando en su alma la armonía y el goce vital.

Si tienes dudas respecto a ello, mira con atención el semblante de las personas que regalan, independientemente a quien, una sonrisa, un gesto, un bien material, pero sin ser empujadas por ningún interés personal. Obsérvalas con detenimiento y verás cómo su semblante parece bañado por una luz particular y cómo su ser entero es un manantial de alegría y satisfacción.

Por muy cansados y enojados que estuviéramos, en un gesto de amor siempre encontramos el equilibrio. Porque es un estado normal de nuestra alma, al que aspiramos consciente o inconscientemente.

El amor es la mejor cura de nuestra alma. Para cualquier problema espiritual que tengas, el amor es su remedio completo. Hasta un sufrimiento físico puede ser superado con más facilidad cuando estás rodeado de amor.

El amor vive dentro de nosotros como condición de nuestra existencia. Las experiencias que nos colman y los condicionamientos sociales tienden a cubrirlo. Tu deber como padre o madre es el de cuidar la semilla de amor que vive en tu hijo, y ofrecerle aquellas condiciones que le permiten crecer y florecer. Porque ningún hombre, ningún ser humano, podrá ser completo sin que dicha semilla brote en él.

El amor es la mayor cura de nuestra alma.

No confundas el éxito que tiene alguien con sentirse completo, pleno. Eso sí, uno puede estar satisfecho cuando tiene un éxito, pero luego necesita otro y otro. Aquí se trata de plenitud del alma, no de la del intelecto o del ego.

El amor se manifiesta a través de cualquier gesto tuyo. Hasta cuando plantas una flor o cuando esperas pacientemente a que el anciano cruce la calle sin gritarle que "la muerte le está esperando en casa". Amor es también cuando no criticas a tu compañero por hacer las cosas de manera distinta, o cuando contemplas un paisaje que te llena el corazón.

Puede que haya personas que no comprendan esta vivencia. Simplemente porque no la han experimentado, porque no la sintieron cerca, no hay culpa en ello. La experiencia del amor puede empezar con un simple gesto: regala algo a una persona necesitada, sin que saques algún provecho de ello; verás cómo la alegría del otro inundará también tu alma; intenta ser más comprensivo con los demás, sin ser exagerado y observarás que, antes de todo, eres tú quien se sentirá mejor.

Si crías a tu hijo en la escuela del amor, le evitarás muchos males.

Se sentirá menos tentado a juzgar a los demás y de esta manera agobiar su mente y el alma, y así tendrá más energía para invertir en cosas realmente creativas. Tal como lo he dicho, nuestra energía es limitada. Podemos colmarnos con pensamientos y acciones que nos carcomen el cuerpo y el alma, o podemos invertir en cosas positivas, benéficas para nuestra vida y para la de los demás.

Gozará una libertad interior mucho mayor, porque en la mayoría de las veces esta libertad está cercada por los propios pensamientos, juicios de valor y creencias. Se ha dicho que "nadie te puede herir sin tu consentimiento" (*Eleanor Roosvelt*). Cuando el ser humano aprende la lección del amor, está por encima de todo y ya nada lo puede tocar. Cuanto más grande es tu amor, tanto más tus creencias y juicios que cercan tu libertad disminuyen y pierden su fuerza. Imagínate a dos luchadores en un terreno muy bien delimitado. Y ese terreno eres tú, tu mente y tu alma. Cuando el amor da un paso en adelante, todos los males retroceden. Si dejas que el fuego del amor se apague, todos los miedos y los pensamientos feos llenarán y atormentarán tu alma. La verdadera libertad es la interior y ella se traduce, a fin de cuentas, a través de bienestar, paz y alegría.

Vivirá y probará todas las cosas maravillosas que se pueden experimentar en esta vida. Sabrá gozar sus propias creaciones, pero también las del universo. El mundo y la vida se le revelarán en todo su esplendor.

6.
"Los pecados" que no perdonan a nadie

El miedo

Del mal que uno teme, de ese muere

El miedo es uno de los mayores enemigos del ser humano. El miedo, bajo todas sus formas, ancestral, generalizado, ante el futuro, ante aquello que le ocurrió a otra gente, ante la pobreza, la muerte y hasta el miedo ante la vida misma. Recurriendo al miedo han gobernado siempre los líderes políticos totalitarios o extremistas, sembrando profundamente dentro de nosotros el miedo a hacer cualquier cosa que pudiese ser reprobada por el sistema, pero también los mandatarios religiosos, inculcándonos el miedo a Dios.

La vida vivida bajo el imperio del miedo nos aleja de nosotros mismos y de la posibilidad de vivir felices. El miedo nos determina a comportarnos de una manera distinta a la que sentimos, y no nos permite que mostremos nuestro verdadero ser.

Muchas veces, por el miedo a ser comprendidos de forma equivocada, los hombres actúan al revés de lo que hubieran deseado. Por ejemplo, renuncian a echar una mano al anciano que tiene dificultades para cruzar la calle por el miedo a que dicho acto sea percibido como una debilidad, o como una cosa pueril o burlesca, porque al fin y al cabo ya nadie hace tales gestos, por lo que en este contexto incluso la intención puede parecer necia.

El miedo nos empuja a tomar decisiones equivocadas como, por ejemplo, casarse con alguien solo por eliminar la inseguridad del futuro y es que los que actúan así se condenan a una vida de pesadilla.

El miedo, indistintamente de la forma que toma, nos hace incapaces de gozar de la vida, aun cuando no hay peligros inminentes. Además, el miedo nos acerca más rápido a las cosas que tememos porque por más que huyamos de ellas, antes nos pisarán los talones.

Un refrán popular dice que del "mal que uno teme, de ése se muere" y si reflexionamos, nos daremos cuenta de la realidad de estas palabras. Además, es algo que todos nosotros hemos experimentado en distintas circunstancias: cuanto más tememos una cosa, es más posible que se manifieste en nuestra vida. Y aquí regresamos a aquellos pensamientos que nos crean la vida.

Si temes mucho a la enfermedad, la probabilidad de atraerla a tu vida es muy grande. Si temes que tu pareja te engañe, más tarde o más temprano sucederá. Si piensas que quieres faltar una hora del trabajo para resolver algunos asuntos personales y temes que el jefe te descubra, aunque normalmente pasen días enteros sin verlo, es muy probable que ese día te encuentres con él.

Una vida vivida bajo el imperio del miedo acaba viviéndonos a nosotros. No somos nosotros quienes nos gestionamos la vida, sino el miedo. En su nombre tomamos la mayoría de las decisiones, y eso ocurre en detrimento de la manifestación de la unicidad que reside dentro de nosotros.

Ya no puedes ser espontáneo porque el miedo te paraliza. La dominación del miedo tiene repercusiones en los más profundos aspectos de tu vida.

Una vida vivida
bajo el imperio del miedo
acaba viviéndonos a nosotros.

El miedo puede cobrar muchas formas. Está bien sentir miedo en una situación en la que realmente corres peligro. Si una noche, al regresar del trabajo, eres agredido por unos delincuentes en la calle, el miedo te ayuda a poner en marcha tus recursos y hacer algo para defenderte: pedir auxilio, correr, luchar, etc.

Y es que si se manifiesta en los límites normales, el miedo tiene sus beneficios, ya que te pone en guardia en aquellas situaciones potencialmente peligrosas y pone en marcha tus recursos para ponerte a salvo.

Pero no es este el miedo que nos asola las vidas. La mayoría de las veces se trata de un miedo sin objeto, que llamamos ansiedad, o un miedo desproporcionado ante aquello que lo ha generado.

Nosotros percibimos la realidad circundante a través del prisma de las emociones que estamos experimentando.

Si vivimos permanentemente en un estado general de miedo, o si tenemos un carácter optimista, entonces cambiaremos la realidad por el prisma de nuestras vivencias.

Si, por ejemplo, vas a un examen y piensas que si no lo apruebas te convertirás en el hazmerreír de tus amigos, o simplemente no confías en que lo vas a hacer bien, entonces en muy probable que no logres aprobarlo. Quizás la memoria te jugará una mala faena, quizás no recuerdes las cosas que hayas estudiado; sea como sea, te sentirás tan distraído por estas preocupaciones que no lograrás concentrar tu atención en el examen.

Probablemente tú también has conocido a personas que no estudian mucho pero van al examen "a ver qué pasa", pensando que lo máximo que les pasará será suspender y, sorpresa, lo acaban aprobando. Y tú estudiaste a más no poder y has suspendido dicho examen, mientras el compañero, con esa impasibilidad que tú jamás podrás experimentar, lo ha aprobado.

La ansiedad es la forma del miedo más común dentro de la sociedad, que puede ser experimentada con distintas intensidades y puede causar verdaderos estragos en la vida interior de una persona. Y lo más sobresaliente es que se relaciona con la esfera social, con las relaciones sociales, con la imagen de uno mismo y la manera en que los demás nos perciben.

Más allá de los factores biológicos, el medio en que vive el niño, así como la actitud y la conducta de sus padres pueden crear una base para que manifieste la ansiedad en su vida.

Un medio protector, dentro del cual el niño recibe el amor y la protección necesaria, le ampara de aquellos miedos sin objeto. La seguridad, tanto emocional como física del niño, le ayuda a enfrentarse a la vida con confianza y optimismo. Y entonces, cuando confías en la vida, ella te responde en la misma medida de la confianza que le otorgas.

Cuando confías en la vida, ella te responde en la misma medida de la confianza que le otorgas.

Por otra parte, tampoco es muy benéfica demasiada protección. Un medio hiperprotector le crea al niño desconfianza en sí mismo y en su capacidad para resolver sus problemas. Si, por ejemplo, un padre temeroso acompaña a su hijo a la escuela hasta la adolescencia por miedo de que le pase algo, el niño desarrollará una inseguridad en sí mismo y en su capacidad de desenvolverse en determinadas situaciones. Asimismo podrá fomentar una fuerte dependencia del padre, cosa que más tarde podrá transformarse en una dependencia de otra persona. No protejas a tu hijo más de lo necesario. Él tiene que sentirse amado, protegido, pero también debe sentir que puede encarar las diversas situaciones de la vida a medida que crece.

Por ejemplo, resulta difícil establecer cuál es la edad con la que un niño debería empezar a ir solo a la escuela. Depende de la personalidad del niño, de lo lejos que está la escuela, cuántos medios de transporte debe usar para llegar, lo seguros que sean los barrios por los que debe pasar, etc.

Por eso las decisiones se toman en función del contexto. Si mandas a tu hijo a la escuela más temprano de lo necesario, o si lo acompañas hasta que tiene 15 años, entonces seguramente le acomplejarás y él nunca dejará de depender de ti.

Estas cuestiones son muy delicadas, así que recuerda que puedes pedir el consejo de un profesional. Un psicólogo te puede ayudar a tomar una decisión, pero también puedes resolverlo tanteando el terreno y experimentando.

Por ejemplo, puedes comentar al niño la idea y observar su reacción. Puedes llevarte una sorpresa y enterarte de que estaría encantado de ir solo o con un compañero hasta la escuela. O quizás en lugar de ir a buscarlo al colegio, podéis encontrados a mitad de camino. Así tu hijo va a dar su primer paso, teniendo la seguridad de que estás cerca. Y será toda una aventura para él.

Muchos padres amenazan a sus hijos con el "coco" o con "el hombre del saco", o con otros personajes que le asustan. Y todo eso para apremiarlo a que haga algo que no desea realizar por las buenas. Muchas veces los padres fatigados y atormentados recurren a estos trucos para obtener la obediencia del niño, pero sus efectos resultan asoladores psicológicamente. Obtener algo de tu hijo a través de la fuerza o el miedo significa abrir la puerta a sus desasosiegos futuros. Realmente no resulta fácil obtener lo que quieres de él, sobre todo cuando él se pone más terco que una mula y tú crees que lo estás haciendo por su bien. Es imprescindible que reflexiones bien para encontrar una solución. Por ejemplo, puedes recurrir al método de quitarle un capricho.

Dicen que del miedo nacen monstruos. Estos monstruos se refugian dentro de nosotros, devorándonos la paz interior y limitándonos para experimentarnos a nosotros mismos.

No siembres el miedo en el alma de tu hijo solo por el deseo de protegerle la vida (o de controlársela).

Resulta más sano enseñarle a protegerse de los eventuales peligros que sembrarle el miedo.

La manera más eficiente de combatir sus miedos y desasosiegos es gozar de la vida junto a él. La alegría y el goce eliminan los miedos que son propensos a inmiscuirse dentro del alma de tu hijo.

Ten cuidado con las cosas que dices delante de él,

con los cuentos e historias que escucha y cuyo final dramático le puede despertar la imaginación pero al mismo tiempo desencadenar el miedo.

No recurras a los miedos de tu hijo para controlarle o para manipular sus emociones. Las afirmaciones del tipo "¡Si yo me muero, se quedarán con el agua al cuello!", hechas solo por el deseo de los padres de ser más valorados por los demás, no traen ningún beneficio ni siquiera al que lo dice.

El niño tiene una capacidad mucho más fuerte que el adulto de ver, de imaginar cosas. Para él la palabra se traduce antes en imagen y su imaginación puede trabajar sin límites.

Si no estás completamente convencido, haz un inventario con todos tus miedos y ansiedades. Intenta escribirlo en un papel y luego imagínate cómo podría ser tu vida sin ellos. ¿Sientes ya su liberación? ¿Sientes lo bella que es tu vida y todas las cosas que ves, sientes, oyes y pruebas?

La mayoría de los miedos se vinculan a los eventos potenciales, cosas que tememos que puedan ocurrir en un futuro más próximo o más lejano. Las cosas que tememos están en el futuro, no podemos saber a ciencia cierta si van a pasar o no, pero el miedo que experimentamos está en el presente. Y de hecho nosotros vivimos en el presente a través del miedo todas esas cosas que aún no han ocurrido. Y de una manera u otra con el pensamiento o con el hecho, las atraemos a nuestras vidas. Por eso el dicho "mal que uno teme, de ése se muere".

No asustes a tu hijo para controlarle o para manipular sus emociones.

Si hay eventos concretos de los que debes proteger a tu hijo, como por ejemplo un terremoto, ladrones, agresores, enfermedades, el peligro de lastimarse al caer de cierta altura, etc., entonces enséñale cómo puede protegerse de ellos, porque seguramente tú no podrás controlarlos. Y hazlo de una manera en la que se sienta seguro por saber todas estas cosas y que no experimente ningún miedo ante aquello que podría ocurrirle.

La ira

Siempre nos podemos encontrar con gente iracunda: en la calle, en el trabajo, en el grupo de amigos, en la familia y, ¿por qué no reconocerlo?, cada uno de nosotros ha experimentado dicho sentimiento.

La ira viene con una carga emocional que te quema por dentro, es como un volcán que, una vez que entra en erupción, ya no puede ser frenado y nadie sabe cuándo cesará. La ira nubla tu juicio, aniquila cualquier rastro de razón y tolerancia, determinándote a tomar decisiones erradas y a herir a los demás sin intención.

La ira es una de las emociones más destructivas para la salud. Lo de experimentarla frecuentemente está fuertemente vinculado con determinadas enfermedades, especialmente las de corazón.

Los pilares principales en los que se apoya la ira los representan el ego del ser humano y su deseo de conservar cierta imagen suya. Ahora bien, es posible que la ira aparezca también como consecuencia de la violación de nuestro libre albedrío, de las acciones que nos limitan la manera de ser y de manifestarnos.

Indistintamente de la causa que la haya generado, la ira tiene consecuencias físicas. La ira supone un desperdicio intenso de energía, un fuerte malestar interior y casi siempre conlleva un desequilibrio en la relación que tienes con los demás.

En la mayoría de las ocasiones esta vivencia está fuertemente vinculada a la educación que uno recibe dentro de la familia y la manera de manifestarse de la gente que te rodea. Es muy poco probable encontrar a una persona iracunda o que no manifiesta comprensión por los demás, que proviene de una familia tranquila. Por una parte, se trata de la educación recibida y, por otra parte, de los comportamientos que vemos a nuestro alrededor y que asumimos.

No me estoy refiriendo a las rabietas del niño pequeño, que no hace más que probar los límites de sus padres. Me estoy refiriendo a las conductas y los principios educativos de los padres, que asientan las bases de la manifestación o la no manifestación de la ira en la vida del futuro adulto.

Las rabietas de un niño son pasajeras y, aunque hay que tratarlas con indulgencia, no deben generar el resultado esperado por el niño, porque esto solo le confirmará que así, a través de este comportamiento, puede obtener lo que quiere de las personas de su alrededor. Así cuando un niño grita, llora y se tira al suelo porque quiere obtener algo a toda costa, el mejor método es mirarlo con comprensión y decirle con calma que hablarás con él e intentarás ayudarle solo después de que se haya calmado. Debe tenerlo claro que a través de su ira no podrá obtener nada de ti.

Pero vuelvo a decir que aquí el tema principal no es la ira del niño, sino la educación de los padres que alimentan o, al contrario, cortan las raíces de la manifestación de la furia en la vida del adulto venidero. Sí, el oficio de ser padres no es el más fácil del mundo. Y no creo que haya en esta vida algo que nos pueda influir a tan largo plazo.

Si las manifestaciones iracundas son frecuentes en la conducta de los padres, entonces es muy alta la probabilidad de que aparezcan en determinado momento también en la vida del niño cuando sea adulto. Además, se sobreentiende que no puedes contrarrestar tales manifestaciones en la vida de tu hijo si tú mismo las estás practicando.

¿Cuáles son los principios de acción para contrarrestar la manifestación de la ira en la vida de tu hijo?

Tu conducta es lo primero que debes cuidar. Tu modelo de comportamiento representa un punto de referencia en la vida de tu hijo.

La actitud ante los demás. Enseña a tu hijo a que trate a la gente con indulgencia, a que comprenda el hecho de que la gente es diferente, y que cada uno actúa también de manera distinta. Esto no significa que uno actúe bien y el otro mal, sino solamente que sus acciones son diferentes y, mientras no perjudiquen a nadie, la gente tiene la libertad de manifestarse tal como quiere.

La imagen de uno mismo. Ayuda a tu hijo a formarse una buena imagen de sí mismo y a no depender de los demás. Ayúdalo a que tome conciencia de sí mismo y que lo convierta en un valor.

Muchas veces la educación recibida de los padres y la impartida por la escuela y la sociedad hacen que el hombre dependa de las opiniones de los demás. Por eso el ser humano está en una continua búsqueda del reconocimiento del otro, viéndose permanentemente expuesto y desarmado ante las opiniones de los demás. La gente puede decir muchas cosas y tener su propia opinión acerca de ti. Pero es asunto suyo. Tú sabes quién eres y eso es lo más importante.

La imagen de uno mismo es uno de los pilares en el que se apoya la ira. Si la imagen es borrosa y se modifica según una u otra opinión, no será más que alimento para la manifestación de la ira en tu vida. Si la imagen de uno mismo es fuerte y sana, y es real y no fingida, entonces la ira liará el fardo de la vida de tu hijo y abrirá paso a aquellos sentimientos que le iluminarán la vida.

Muchas veces la educación recibida de los padres, en la escuela y en la sociedad crea en tu hijo una dependencia de las valoraciones de los demás.

Ahora bien, más allá de los confines familiares, el niño puede estar expuesto a manifestaciones iracundas. Y existe realmente el peligro de que él las perciba como una prueba de poder y por eso desee manifestarlas también. Pero esta situación podrás neutralizarla mediante tu educación, observándolo y explicándole, siempre que se de la ocasión, tales manifestaciones por el prisma de tu juicio.

Desde que tu hijo nace, tienes a tu disposición 18 años para sentar junto a él las bases de una vida bella y provechosa.

La culpa

Errar es humano

Hay una práctica, bastante común para los padres, de hacer que sus niños se sientan culpables. No es un goce sádico del padre, sino una modalidad a través de la cual intenta determinar al niño a distinguir entre lo bueno y lo malo, y ofrecerle una educación moral. Algunas veces puede ser también un intento de manipular los sentimientos del niño con el propósito de asegurarse su respeto y amor. Pero la culpa no es el camino idóneo ni para ofrecer una educación moral, ni para ganar el respeto del niño.

Si quieres ofrecerle a tu hijo una educación moral, muéstrale cuáles son las consecuencias de los hechos buenos y de los malos, ayúdale a que comprenda, sé un modelo de humanidad para él. Si cometió un error, cosa absolutamente normal para un niño, explícale dónde se ha equivocado y cuáles son las consecuencias de sus hechos. Muéstrale comprensión, porque cualquiera de nosotros puede errar, y explícale que lo más importante es aprender de ello y no volver a repetirlo la segunda vez.

Si el error se repite o es verdaderamente grave, puedes encontrar una sanción a medida del error, pero sé consciente de que el papel del castigo es doble: concienciar al niño de que cada cosa que emprende acarrea consecuencias, y desechar terapéuticamente, en términos psicológicos, el sentimiento de culpa.

La culpa no te ayuda, no te estimula a seguir adelante, a hacer las cosas mejor o buscar su resolución. Al contrario, te pone trabas y crea bloqueos mentales. Es como una etiqueta en la que aparece inscrito "incapaz" y que llevas contigo largo tiempo. Es posible que el evento mismo haya sucedido hace mucho tiempo ya, pero tú sigues acarreando con toda la culpa y, a veces, por cosas insignificantes.

La culpa puede frenar la evolución del niño.

La culpa es un gusano que roe el alma sin ayudarla nunca. Ella causa los desasosiegos, los miedos, las frustraciones de las cosas que ya no pueden ser cambiadas. Lo que importa no es sentirnos culpables, sino ser conscientes de que nos hemos equivocado y saber cómo podríamos reparar el error o no volver a cometerlo. Lo importante es seguir adelante, seguir el camino de nuestro desarrollo y no volver atrás. La culpa puede poner trabas en el desarrollo del ser humano, porque lo recluye en la trampa de los sentimientos inútiles. El sentimiento de culpa va de la mano con una imagen negativa de uno mismo, lo que provoca al individuo innumerables prejuicios.

Tal y como he mencionado en el capítulo del perdón, el niño puede sentirse culpable también por cosas que no tienen que ver con él. Si la madre y el padre pelean, él puede llegar a pensar que lo hacen por su culpa. Y muchos niños se sienten culpables cuando sus padres se divorcian. Él puede pensar esto porque muchos padres discuten a causa de los hijos, pero esto ocurre porque él es importante para ellos y porque tienen puntos de vista distintos sobre su educación.

Sembrada inconscientemente por los padres por el deseo de transmitir un código de conducta moral al niño, la culpa no un el sentimiento que pueda ayudar a la humanidad. Atormentado por las frustraciones, el ser humano no puede ofrecerse a sí mismo o regalar a los demás todo lo mejor que puede dar.

Muéstrale a tu hijo que tú también te equivocas; reconoce tus errores y enséñale lo que quieres hacer para que no vuelva a pasar. Al reconocer tu error y aceptarlo lo puedes superar, y así la vida sigue adelante, sin quedar acantonada por la culpa.

No agobies a tu hijo con sentimientos de culpa, pero ten cuidado y no dejes que una conducta errada pase inadvertida. Este es ya el otro extremo.

La envidia y el odio

Lo que te pertenece vendrá a ti

La gente no se da cuenta del mal que provocan, sobre todo a sí mismos, experimentado estos sentimientos. La envidia y el odio son destructivos también para los demás, pero perjudican aún más a la persona que los sufre. Cada uno de ellos crean desasosiegos y te apartan de lo bueno que hay en ti. En vez de dormir contento en tu cama, no dejas de atormentarte por pensamientos y sentimientos que no te traen ningún beneficio.

El envidioso se centra en lo que tiene el otro en vez de concentrarse en su persona y ver qué puede hacer con los regalos que tiene. Una persona movida por el odio perseguirá solo acciones destructivas y acabará destruyendo también aquellas cosas buenas que sería capaz de emprender.

Resulta imperioso inculcar al niño la confianza en sí mismo y en sus propias capacidades. Pero dicha confianza no debe surgir de la comparación con otro, sino solamente de la valoración honesta de sus cualidades. Comparando a tu hijo con otro, le determinarás a que permanentemente mire el jardín de ese otro, y que se sienta bien y apreciado solo si tiene resultados mejores que él. El niño debe ser consciente de que "lo que te pertenece vendrá a ti". Hay mucha sabiduría en este refrán que nos enseña que cada ser es único, que cada persona tiene su camino por recorrer y que no debe tomar el del otro para tener lo suyo. Porque la verdadera riqueza es la interior y nadie nos la puede quitar.

Este es el espíritu de una educación que no solo es cívica, pues es una educación sin la cual tu niño no podrá alcanzar la felicidad.

El orgullo

El orgullo es un pecado que te aleja de la esencia de tu ser y que deteriora las relaciones entre la gente. Es un sentimiento que te sitúa por encima de los demás, te hace sentir superior a la persona con la que entras en conflicto, o tratado injustamente, y en vez de intentar remediar la situación conflictual, tú interrumpes la relación o bloqueas una vía que de hecho podría traerte beneficios.

El orgullo implica inflexibilidad, falsa superioridad, autosuficiencia, y puede determinarte perder oportunidades insospechadas. Puedes rechazar por orgullo una ayuda ofrecida con toda la sinceridad y, debido a ello, hundirte aún más en una situación problemática. Por orgullo puedes rechazar aclarar las cosas con alguien, sea un compañero o tu pareja, y de esta manera dicho problema puede seguir ahondándose hasta su rotura definitiva. Por orgullo puedes no reconocer que te has equivocado, por orgullo puedes rechazar hacer un gesto humanitario.

El orgullo te puede hacer perder mucho humanamente, pero también puede hacerte perder una serie de oportunidades en la vida. Y en este caso, como también en los demás, tu patrón de conducta como padre o madre resulta esencial. La manera en que actúas será una fuente de inspiración para tu hijo.

El juicio crítico

Para la mayoría de la gente criticar a los demás se ha convertido en una costumbre. Aunque no se ven afectados por nada, o no tiene nada que ver con ellos, los seres humanos sienten la necesidad de exponer su juicio crítico sobre la conducta del otro. Desgraciadamente, en la mayoría de los casos, la crítica no es justa, sino más bien subjetiva y superficial.

La gente juzga a los demás por sus acciones, pero sin conocer los resortes previos que provocaron dichas acciones. Cuando actuamos, la gente no conoce nuestras motivaciones interiores. Ellos se apresuran a juzgar sin apenas esforzarse en entender todo el contexto. Porque cada hecho tiene su contexto y no puede ser separado de él. Por ejemplo, una persona puede hablar muy alto porque tiene una abuela que no oye bien y, viviendo constantemente a su lado, adquirió esta costumbre. Cuando deja de estar al lado de la anciana, puede seguir hablando igual de alto sin darse cuenta de ello, y es muy posible que, al molestar a los demás, sea considerado un grosero.

O, por ejemplo, está muy bien expresar tu punto de vista, pero si lo haces transgrediendo el derecho a la réplica de otra persona, o interrumpiéndola sin dejar que exprese su opinión, no quedará lugar para nada positivo.

Desde el punto de vista psicológico, al juzgar al otro, el ser humano intenta posicionarse instantáneamente en un peldaño superior a él. Pero tal superioridad es falsa y reside sólo en la mente del que juzga. A veces ni siquiera en su mente, porque hay un sentido que le advierte que no está realmente bien lo que está haciendo, pero lo ignora ya que el deseo de dominar a través de la superioridad es más fuerte que el deseo de entender al otro.

El gran problema del juicio crítico es que perjudica las relaciones interpersonales y afecta también a la persona que juzga.

Un juicio precipitado nubla al ser y abre la puerta a las vivencias negativas. Un juicio superficial y atropellado puede ser la chispa que enciende la ira. La crítica excesiva y subjetiva no hace más que destruir y oponerse a encontrar una solución. Por eso, cuando percibimos los defectos de alguien, no hay que decírselos solo para meternos en asuntos ajenos y mostrar lo inteligentes que somos. Lo mejor sería hacerlo del modo más natural posible, subrayando antes los aspectos positivos de dicha persona, y ofreciendo soluciones para aquellas faltas que hemos notado. A veces está bien solo observar en silencio, porque muchas veces la persona no está preparada anímicamente para un cambio, y entonces la crítica no le aporta ningún provecho, sino solamente la hiere.

Seguro que te preguntas: "¿Qué tiene todo esto que ver con mi hijo?". Pues bien, su felicidad, el equilibrio y su armonía interior dependen del juez que vive dentro de él y de su capacidad de entender a los demás. Cuanto más respete la manera de sentir, pensar y actuar del otro, más será completo su bienestar.

El que juzga duramente a los de su alrededor nunca estará contento consigo mismo, porque ese juez interior será implacable no solamente con los demás, sino también con él mismo.

El ser humano es único. Nos asemejamos tanto y sin embargo somos tan diferentes. En nuestro interior experimentamos sentimientos y pensamientos similares, ¡pero su fluir, las conexión que hay entre ellos, la intensidad y su manifestación en acciones concretas son tan diferentes! Hacer las cosas de manera distinta no significa ser malo o errar, sino que se vincula más bien a la capacidad de la persona para expresarse a sí misma.

La sociedad es propensa a uniformizarnos en detrimento de la expresión de nuestro propio yo.

Por una parte, tu deber como madre o padre es el de ayudar a tu hijo a respetar las reglas de la sociedad haciéndole discernir su sentido, pero también buscar vías para que se exprese ese ser único que vive dentro de él.

Tu deber es el de ayudarle a que comprenda a los seres humanos como entidades únicas, diferentes, y desmontar ese mecanismo a través del cual uno juzga al otro mediante el prisma de su manera de ser. Porque, en semejante situación, su felicidad se verá mellada y las expectativas de que la gente actúe igual estarán acompañadas por desengaños.

Sobre "pecados" y sus consecuencias

Todas estas vivencias: el miedo, la culpa, la envidia, etc. son "pecados" porque impiden al ser humano a llevar una vida armoniosa y llena de amor. El hombre ya no podrá gozar plenamente de su vida, de la gente que está a su alrededor, pues estará demasiado ocupado criticando o sintiéndose insatisfecho con algo.

Cada una de estas vivencias significa una barrera en el camino de la felicidad de tu hijo y un sufrimiento para los que lo rodean. Ninguna de ellas le puede ayudar en su evolución espiritual. A través de la educación, especialmente la recibida en casa, estas vivencias pueden ser pulidas, ajustadas y hasta vencidas. Estas pertenecen a la naturaleza humana porque nosotros, por varios motivos, se lo hemos permitido.

Por eso, tu papel de madre o padre supone combatir estos potenciales "pecados" y de abrir el paso en la vida de tu niño a aquellos ingredientes que lo pueden guiar hacia una existencia feliz y luminosa.

7.
Ser padres

Sigue tu intuición

Por mucha información que tuvieras acerca de qué es lo mejor para tu hijo o por mucho que leyeras acerca de ello, lo más adecuado para él sale de tu alma. Ninguna estadística y ningún estudio, por muy complejos que sean, podrá revelarte a tu hijo. Solamente tú, con tu corazón de madre o padre, lo puedes percibir.

Presta atención a aquello que te dice la *intuición* de madre o padre y no permitas que la tapen las normas, los dogmas y los principios que pueden ser versátiles.

El lazo entre tú y tu hijo es muy fuerte, duradero e

indestructible que empezó con tu deseo de tener un hijo y que es imperecedero.

¡Sigue tu intuición!

A lo largo de tu evolución como madre o padre te confrontarás con un montón de opiniones acerca de cuál es la mejor manera para criar a un niño. Toparás con incontables técnicas a través de las cuales puedes obtener lo que tú más quieres para él. Pero no olvides que ningún método, por muy bueno que sea y por muchos resultados favorables que haya obtenido con el tiempo, no puede ser aplicado sin más, sino que hay que adaptarlo tanto a la personalidad del niño como al contexto mismo. Juzga las cosas con tu corazón.

Una experiencia para toda la vida

Ser padres es una experiencia única. Una experiencia que sobrepasa los confines estrictos del crecimiento y la educación de un niño. Es un acto de creación, una vivencia intensa, un proceso del desarrollo en el que tú evolucionas junto con tu hijo.

Aquello que tú eres se reflejará en tu hijo, y lo que él es se reflejará en ti. Tu personalidad y conducta le guiarán hacia una dirección u otra. Y sus acciones tendrán un eco en tu alma. Nada de lo que él hace será neutro para ti.

Y a pesar de todo, no olvides el hecho de que sois dos vidas distintas. No te concentres en tu hijo y obstaculices la evolución de tu vida. Tú creces junto a él como las ramas de un árbol. Y este crecimiento se vincula con todo aquello que tú deseas hacer en la vida, con tus aspiraciones, pero sobre todo con tu interior, porque aquí arranca todo. Desde el interior hacia afuera. Tu evolución representa un acto de vivencia interior, una guerra ganada contigo mismo.

La evolución del ser humano representa un acto de vivencia interior.

Y hay algo más. No te sitúes en una posición superior a la de tu hijo, porque tienes mucho que aprender de él. Un niño tiene menos prejuicios y está más abierto a ver las cosas claras que cualquier adulto. Y muchas veces su percepción puede ser más nítida que la tuya, por eso está bien que no la ignores.

Ser padres representa el mayor milagro de la vida: ¡el nacimiento de otro ser! ¿Hay algo que pueda ser más extraordinario?

Si observamos el mundo de los animales, nada nos

emociona tanto como una pareja y sus crías.

Y he visto con mucho asombro cómo los gorriones padres se agitaban encima del matorral en el que se había caído su cría mientras estaba aprendiendo a volar. Sobrevolaban bulliciosamente por encima del lugar donde se encontraba el pajarillo, siempre intentando guiarle. Y con su ayuda, la cría logró echar a volar y aterrizar en la rama de un árbol.

Si observamos con calma la escena del crecimiento de una planta resulta imposible no sentir el milagro de la vida y no importa lo que dure esa vida: un día, dos, diez u ochenta años.

¿Cómo no va a conmoverte un perro que prefiere quedarse al lado de sus cachorros en vez de abandonarlos para ir a comer? ¿Y la manera en la que los arrastra hasta su nido, para protegerlos, entonces cuando empiezan a explorar el mundo?

Sin embargo, el ser humano es el único que traba una relación para toda la vida con sus progenies. Una relación en la que la vida del hombre se manifiesta en toda su plenitud.

El sacrificio de los padres

Hay una tendencia, de cierto modo inherente a los padres, de sacrificarse por su niño. Y nada hay más enaltecedor en esta existencia que una persona que se sacrifica por otra. Pero dicho sacrificio tiene valor siempre y cuando los sentimientos que lo originan son limpios y orientados hacia el bien del otro. Sin embargo, es posible que muchas veces el sacrificio encubra la incapacidad de la persona para hacer otra cosa. Consideremos el ejemplo de una madre que toma la decisión de renunciar definitivamente al trabajo para quedarse en casa y cuidar de sus niños. No hay absolutamente nada malo en ello, ni si se queda en casa con el niño ni si va al trabajo. Pero si detrás de esta decisión, más allá del deseo de ocuparse de su hijo hay también otras circunstancias, como por ejemplo el miedo al fracaso social, la dificultad para encontrar un empleo adecuado, la comodidad, entonces todo esto se manifestará antes o después encarnada en miles de frustraciones que repercutirán en el niño. Todos los reproches, la irritación y los disgustos se inmiscuirán en la relación entre madre e hijo.

Y es muy posible que todo ello ocurra en el plano del subconsciente, y justamente por esto resulta imprescindible tomar consciencia de lo que estamos sintiendo, necesitamos entender lo que ocurre en nuestra mente y corazón. A través de falsas motivaciones no hacemos más que engañarnos a nosotros mismos, y lo que logramos es construir una parte mientras la otra se derrumba.

El sacrificio de los padres no es una moneda de cambio. Yo me sacrifico por ti, pero a cambio tú me obedecerás el resto de tu vida. El verdadero sacrificio no persigue ningún interés personal. El sacrificio, así como la ayuda a los demás, no debe crear dependencias.

Hay padres que chantajean a sus hijos con todo aquello que hicieron por ellos. "Yo hice esto y aquello, y tú ni siquiera eres capaz de eso". El amor, el respeto y la obediencia del hijo brotan también del amor, del respeto, y de la docilidad (o comprensión) de los padres para con sus hijos.

El conflicto entre generaciones

En nuestra sociedad se habla a menudo sobre el conflicto entre generaciones. Muchas veces, padres e hijos consideran este conflicto como un hecho inamovible y hasta natural en su existencia. Pero nada puede ser natural en un conflicto. Y menos aun entre los padres y sus hijos.

El conflicto entre generaciones, el conflicto entre padres e hijos no emerge de la nada y tampoco aparece solo en la adolescencia.

Brota una vez con la infancia y se desarrolla sutilmente hasta prorrumpir cuando el adolescente está en vías de convertirse en un adulto. Y su origen está en el sentimiento del niño de sentirse incomprendido y restringido en su intento de manifestarse a sí mismo. Con el paso del tiempo la distancia psicológica entre padre e hijo se ahonda. Indistintamente del contexto social de cada generación. Al fin y al cabo es el contexto el que da cierta orientación a las creencias y los valores de cada generación, la gente se puede aproximar una a la otra a través de la comprensión de la naturaleza humana. Si entendemos que los hombres son distintos, si captamos la esencia de este aspecto, entonces los conflictos se podrán solucionar con menos dificultad. La gente puede actuar de manera distinta, puede desear cosas distintas y puede ser diferente de los demás sin que nadie tenga que sentirse lesionado.

En tu calidad de madre o padre es fundamental que estés cerca del alma de tu hijo, que comuniques permanentemente con él, que conozcas sus vivencias y que lo comprendas. Si procedes de esta manera, empezando cuando él es apenas un niño, el conflicto entre generaciones jamás brotará o, en el peor de los casos, será mucho más leve. Si dejáramos de aceptar este conflicto como algo normal, quizá haríamos más cosas para que él no intervenga.

El primer paso es entenderlo. Y haciendo eso el resto viene por sí solo.

El conflicto entre generaciones, el conflicto entre padres e hijos no emerge de la nada y tampoco aparece solo en la adolescencia.

La relación entre generaciones

Cuando entre las generaciones existe una fuerte relación que sienta sus bases en el amor, el respeto y la confianza recíproca, la alegría encuentra fácilmente el camino hacia cada miembro de la familia, y también hacia los que están a su alrededor. Hay familias donde coexisten tres o hasta cuatro generaciones. Padres, hijos que a su vez son padres y todos sus hijos juntos, y así, cuando la relación entre las generaciones funciona bien, es realmente un goce estar cerca.

Hay un refrán que dice: "Si no tienes ancianos, cómpratelos". Desgraciadamente, la sabiduría popular que encierra este dicho ha ido perdiendo su peso hoy en día. Todos nosotros podemos ver a nuestro alrededor manifestaciones del desprecio y del cinismo de los jóvenes ante las personas mayores. ¿Cómo es posible esto y cómo es que se manifiesta de una manera tan generalizada?

Creo que los padres, con la educación que han dado a sus hijos, han descuidado los valores morales y han hecho hincapié en otros asuntos que para ellos eran más importantes. Es una pena, ya que en vez de construir la confianza y el respeto paso a paso, ladrillo a ladrillo, los padres mismos han erosionado la relación con sus hijos.

Y lo han hecho al imponerle reglas sin que este las

pueda comprender, al imponerle cierta conducta en detrimento de su manera de ser. Incomprendido por aquel que debería haberle estado lo más cerca anímicamente, el niño se protege aumentando la distancia psicológica entre él y su padre.

Los padres pueden pagar muy caro el descuido de los valores morales.

La distancia psicológica entre padre e hijo crece también a consecuencia de la privación del niño de aquello que resulta ser lo más importante para él: el tiempo y el cariño de sus padres. Y demasiadas veces los padres intentan contrapesar su ausencia con juguetes y regalos, que no son más que un sustituto desconsolador. Porque nada puede reemplazar la presencia del padre en la vida de su niño.

La distancia psicológica entre el hijo y sus padres es una ruptura que va creciendo a lo largo del tiempo.

Las debilidades de los padres, ignoradas hasta por ellos mismos, se vuelven en su contra ante la falta de respeto mostrada por el niño. Y resulta sumamente difícil entender aquello que lo ha generado. Porque una o varias cosas pueden tener la misma consecuencia.

El reproche es otro factor que perjudica la relación con el niño. El reproche es una forma de acusar sin derecho a la defensa y que acarrea solo consecuencias negativas: el niño se siente incomprendido, defraudado y su intento por cambiar algo en dicha situación será uno mínimo. Si realmente quieres ayudar a tu hijo a que cambie algo, no lo hagas con reproches porque ahondarás ese estado de las cosas que tanto deseas cambiar.

Una manera positiva de abordar un error significa hablar acerca de ello sin imputarlo a nadie. Por ejemplo puedes decir: "Hay mucha basura en el cuarto", en vez de "Has amontonado mucha basura en tu cuarto!", o "el trabajo tiene diez errores", en vez de decir "cometiste diez errores". El enfoque impersonal no imputa la culpa a alguien antes de poder conocer su opinión. Claro que el próximo paso es el de ver cuál es la opinión de tu hijo e intentar obtener su implicación en aquello que hay que hacer para mejorar las cosas.

Otro elemento en el deterioro de la relación entre padres e hijos es la hiperprotección del niño. A veces los padres son propensos a cuidarlo de manera exagerada, cosa que lleva a la total dependencia de sus padres, a la desconfianza en sus propias fuerzas y, en grandes líneas, al debilitamiento de su personalidad. El niño siente la falta de confianza de los padres, aunque no la expresen o no sean plenamente conscientes de ella. Y dicha desconfianza dejará huellas tanto en su personalidad como en sus futuras relaciones.

Otro gran error que pueden cometer los padres y que daña el sentimiento de respeto del niño, es el de auto adjudicarse cualquier esfuerzo, empujado por el deseo de crear bienestar y comodidad al niño. Aunque la intención es buena, la de ayudar a su hijo, el resultado es desastroso porque el niño estará falto de las experiencias personales que le podrían ayudar a evolucionar y, al mismo tiempo, de la satisfacción del trabajo hecho. Hacer el trabajo en lugar del niño, puede ser más fácil para un padre que enseñarle cómo debería hacerlo. Pero esto hace que el niño necesite siempre un apoyo en lugar de ser capaz de sujetarse y caminar con sus piernas.

La confianza que tu hijo te tiene, aunque tengas 20, 40 o 70 años, es el efecto de una relación de reciprocidad. La confianza que le has dado, como ser capaz de manejar su vida con sus propias manos, volverá tarde o temprano a ti.

A lo mejor te preguntas qué tiene que ver todo esto con el respeto de los jóvenes a los ancianos. Pues todo arranca de la relación del niño con sus padres. Jamás vas a ver a un niño o a un joven que respeta a sus padres soltando palabrotas o faltándole el respeto a un anciano.

La herencia que dejas

Para poder ser un buen padre, lo que más importa es la educación que tú mismo has recibido en casa. Nada impacta más en tu hijo que la herencia recibida de sus padres. De manera directa o indirecta, tus acciones se ven afectadas por tus propios padres. Y cuando la herencia es sana, generaciones enteras de padres dejarán su impronta en tu hijo, iluminándole el camino.

Y si estás en una situación en la que deseas enterrar la herencia recibida, el simple hecho de que estés leyendo este libro o cualquier otro que se vincula a la educación de tu niño, muestra que estás en el buen camino, que quieres hacer un cambio en esta herencia y estás preparado para la acción. Tú eres quien va a cambiar las cosas para las generaciones futuras de los niños de tu familia.

Tú eres quien puede cambiar la herencia recibida para las generaciones venideras.

Cada generación transmite una herencia de creencias y valores, enriqueciéndola con su propia experiencia. Y en este fluir cada ser humano tiene un deber que no tiene que olvidar, el deber para consigo mismo. No hay que desperdiciar ninguna vida.

Y cuanto más contento se está con la relación en sí, mayor es la capacidad de ofrecer y ayudar los que están a su alrededor, incluso al propio niño.

El ser humano es el único que a través de la conciencia de sí mismo tiene la responsabilidad de su vida.

En calidad de padre o madre tienes un deber con tu hijo pero también contigo mismo. Tu propio cuidado y el cuidado de tu hijo en igual medida es una prueba de aprecio por la vida de cada uno.

La ayuda que ofreces a tu hijo es la mejor herencia para que no le falten nunca las "armas" necesarias para conquistar la vida. El amor, la confianza en uno mismo, la compasión y la libertad de expresarse como uno es son solo algunas de ellas.

Ayuda a tu hijo a que se descubra, a que se forme en el espíritu de una vida feliz y a que encuentre la tranquilidad en su corazón, porque nuestra vida interior nos da la fuerza para hacer todo lo que queremos.

Otopeni, 8 de julio de 2012

Agradecimientos

Quisiera dar las gracias a todos aquellos que desempeñaron un papel importante en mi camino espiritual y que dejaron su huella en mi corazón.

A mis padres les agradezco su amor incondicional que me han ofrecido y el trabajo de toda una vida.

A mi marido toda mi gratitud por recorrer su camino a mi lado y por las cosas bellas que compartimos, entre las cuales está este libro, a cuya publicación aporta una contribución significativa.

Gracias a ti, Simona, porque sin tu presencia en mi vida este libro no hubiera existido.

Gracias a Ionela y Codrut por ser unos padres tan maravillosos y una verdadera fuente de inspiración para mí.

Gracias a Rodica Indig por existir en mi vida y por los puntos de referencia que me ha ofrecido a lo largo del tiempo.

Gracias a mis amigas Octavia y Elisabeta por animarme a escribir este libro y por todo su amor.

Y no por último, le doy las gracias a mi amiga y redactora Gabriela Panaite por su apoyo en la creación del libro.

Para la edición al español del presente libro, mis especiales agradecimientos se dirigen a la traductora Andreea Bouaru y los redactores Valerio Cruciani y Marian Ariza.

Querría dar las gracias a mi cuñada, Nuria Mariscal Sánchez, un hermoso ser humano con un alma especial, por hacer posible la edición española de mi libro.

Made in the USA
Las Vegas, NV
31 March 2023

69969730R00094